Autoritarismo e corporativismo no Brasil

(Oliveira Vianna & Companhia)

FUNDAÇÃO EDITORA DA UNESP

Presidente do Conselho Curador
Herman Voorwald

Diretor-Presidente
José Castilho Marques Neto

Editor-Executivo
Jézio Hernani Bomfim Gutierre

Assessor Editorial
Antonio Celso Ferreira

Conselho Editorial Acadêmico
Alberto Tsuyoshi Ikeda
Célia Aparecida Ferreira Tolentino
Eda Maria Góes
Elisabeth Criscuolo Urbinati
Ildeberto Muniz de Almeida
Luiz Gonzaga Marchezan
Nilson Ghirardello
Paulo César Corrêa Borges
Sérgio Vicente Motta
Vicente Pleitez

Editores-Assistentes
Anderson Nobara
Arlete Zebber
Ligia Cosmo Cantarelli

Evaldo Vieira

Autoritarismo e corporativismo no Brasil

(Oliveira Vianna & Companhia)

3ª edição

© 2010 Editora UNESP

Direitos de publicação reservados à:

Fundação Editora da UNESP (FEU)
Praça da Sé, 108
01001-900 – São Paulo – SP
Tel.: (0xx11) 3242-7171
Fax: (0xx11) 3242-7172
www.editoraunesp.com.br
www.livrariaunesp.com.br
feu@editora.unesp.br

2ª edição – 1981, Cortez Editora

CIP – Brasil. Catalogação na fonte
Sindicato Nacional dos Editores de Livros, RJ

V714a
3.ed.

Vieira, Evaldo Amaro, 1942-
    Autoritarismo e corporativismo no Brasil: (Oliveira Vianna & Companhia)/Evaldo Amaro Vieira. – 3.ed. – São Paulo: Editora UNESP, 2010.
    162p.: il.

Inclui bibliografia
ISBN 978-85-393-0002-0

1. Vianna, Oliveira, 1883-1951. 2. Autoritarismo – Brasil. 3. Corporativismo – Brasil. 4. Ideologia – Brasil. 5. Brasil – Política e governo. I. Título. II. Título: Oliveira Vianna & Companhia.

10-0731.   CDD:320.481
CDU: 321.64/.65(81)

Editora afiliada:

A
Carlos Guilherme Mota
e
Edward Lopes

"O passado nunca está morto,
ele nem mesmo é passado."

W. Faulkner

"As ideologias são liberdade enquanto se
fazem, opressão quando estão feitas."

J. P. Sartre

Sumário

Apresentação 11
Prefácio 15

1 Proposições 17
   O tema 17
   O conceito e a crítica do Estado Corporativo 19
   Plano do livro 26

2 A Gênese 29
   Oliveira Vianna: o intelectual e o funcionário 29
   As fontes do corporativismo de Oliveira Vianna 31
   Manoilesco e a leitura de Oliveira Vianna 34
   Perroux, Pirou e a leitura de Oliveira Vianna 48
   Manoilesco, Panunzio, Laski e a leitura de Oliveira Vianna 57
   Conclusão: a concepção realista do mundo 67

3 A situação 77
   A presença das condições brasileiras 77
   Alberto Torres e Oliveira Vianna: nacionalismo,
   autoritarismo e corporativismo 78
   Azevedo Amaral e Cândido Motta Filho: nacionalismo,
   autoritarismo e corporativismo 86
   Outras manifestações corporativistas do nacionalismo
   autoritário 98
   Conclusão: O Estado Corporativo de Oliveira Vianna e as
   transformações da administração pública brasileira 107

4 A concepção de Estado Corporativo 113
   A busca do sentido do Estado Corporativo 113
   Oliveira Vianna e a sociedade brasileira 114
   Oliveira Vianna e as elites políticas brasileiras 119
   Oliveira Vianna e o Estado Corporativo 128
   Oliveira Vianna: Estado Corporativo e democracia
   corporativa 141

Conclusão: A Revolução Conservadora 145

Referências bibliográficas 157

Apresentação

A obra *Autoritarismo e corporativismo no Brasil* situa-se na linha dos estudos críticos sobre o corporativismo e o autoritarismo. Oliveira Vianna desenvolve sua obra entre 1918 e 1951, assistindo a dois momentos conjunturais da industrialização brasileira: 1918 e 1937. Fez carreira como burocrata, tendo sido diretor do Fomento Agrícola, membro do Conselho Consultivo do estado do Rio de Janeiro, consultor jurídico do Ministério do Trabalho e ministro do Tribunal de Contas da União. Essa atuação como burocrata, na área da administração pública, e também sua formação bacharelesca do mandarinato de então permitem-lhe *pensar* o chamado "problema nacional".

Sua obra constitui, como bem acentua Evaldo Vieira, na Conclusão, uma tentativa de sistematização ideológica dos princípios de uma revolução conservadora, entendida como uma "revolução burguesa retardada". Dentro desse ideário, o "Estado Corporativo é a essência deste projeto de contrarrevolução", já que Oliveira Vianna rejeita a transformação social, limitando-se a um projeto de reformas para evitar mudanças estruturais. Seus escritos são uma resposta à Revolução de 1930, que leva a uma crise de hegemonia, somente resolvida após o Golpe de Estado de 1937, dado por Getulio Vargas. O que Oliveira Vianna pretende é a transformação da classe dirigente em classe dominante.

A preocupação de Oliveira Vianna, que Evaldo Vieira analisa ao longo de seu estudo, quanto à organização do trabalho, à harmonia, à paz social e à implantação da Justiça do Trabalho, nada mais é do que a proposta de criação de organismos superestruturais capazes de assegurar a acumulação capitalista. Nesse afã, por meio do conjunto de sua obra, Oliveira Vianna procura valorizar o "Chefe de Estado" e atribuir caráter técnico e apolítico à administração pública, escamoteando a problemática da administração como poder.

Das fantasias corporativistas de Oliveira Vianna nada restou, mas o Estado Autoritário fincou raízes, concretizando-se no Estado Novo. Isto é explicável: o corporativismo era inviável no Brasil, que assistia então a um processo de acumulação primitiva do capital. Além disso, as transformações técnicas subjacentes impediam a organização rígida em termos profissionais da mão de obra.

Como ideólogo do nacionalismo autoritário, Oliveira Vianna interpreta, segundo seus desígnios, teóricos tão diferentes como Perroux, Pirou, Panunzio, Laski e Manoilesco. Filiando-se ao realismo jurídico norte-americano, Oliveira Vianna apoia-se principalmente em Brandeis para defender uma justiça executiva, nascida dos órgãos administrativos e ministrada por *intuição*, sem ater-se a normas fixas. E isto com o perigo de institucionalizar-se, no caso brasileiro, a justiça fundada no princípio do "Chefe", em que o juiz julga por *empatia* com o chefe e não "conforme os autos". Assim, Oliveira Vianna é um dos ideólogos do moderno absolutismo, e neste estudo é situado na linha de Alberto Torres, Azevedo Amaral, Cândido Motta Filho e outros escritores, defensores do nacionalismo autoritário.

Por tudo isso, o livro de Evaldo Vieira merece ser lido e discutido, pois coloca no centro da crítica o principal postulado de Oliveira Vianna: seu antiliberalismo fundamental e seu fundamental autoritarismo. A obra de Evaldo Vieira é relevante ao definir a precariedade das categorias de Oliveira Vianna, especialmente de "Brasil legal" e "Brasil real", que são categorias inerentes a toda postura "realista" ou "fascista" em política, que aqui, na África ou na Europa, serviram de escudo para legitimar as tiranias sob o capitalismo monopolista.

Maurício Tragtenberg

Prefácio

O pensamento político brasileiro revela um conjunto de problemas que precisam ser analisados, ainda que consideremos as inúmeras investigações importantes já realizadas neste campo. Como objeto desta pesquisa, escolhemos a concepção de Estado Corporativo elaborado por Francisco José de Oliveira Vianna.

Limitando-nos assim a uma monografia, inteiramente voltada para o exame da formulação corporativista presente em sua obra, queremos oferecer uma interpretação destinada a contribuir para melhor conhecimento do assunto, dos seus escritos e também dos conceitos dominantes em sua época. Mesmo sabendo que o corporativismo recebeu a atenção de muitos intelectuais, tanto no Brasil quanto no exterior, somente vamos mencioná-los quando representarem um subsídio para o esclarecimento da concepção proposta por Oliveira Vianna.

Este trabalho foi originalmente apresentado como tese de doutoramento em Ciência Política ao Departamento de Ciências Sociais da Faculdade de Filosofia, Letras e Ciências Humanas da

Universidade de São Paulo, em dezembro de 1975. Gostaríamos de expressar aqui nossos agradecimentos à banca examinadora, composta dos professores Oliveiros S. Ferreira, Francisco C. Weffort, Braz José de Araújo, Maurício Tragtenberg e Carlos Guilherme Mota, pelos reparos feitos a ela. Os agradecimentos são extensivos a Octavio Ianni, que teve a gentileza de ler e comentar conosco todos os capítulos, oferecendo-nos valiosas sugestões, a Nildemir de Carvalho, que pacientemente revisou os originais, e ainda à Suzana, minha esposa, pelo estímulo durante a elaboração.

1
Proposições

O tema

Elegemos para objeto de estudo o processo de estruturação de determinada concepção de Estado Corporativo: a de Francisco José de Oliveira Vianna. O tema deverá constituir uma análise monográfica. Naturalmente se trata de assunto incluído no âmbito da História das Ideias.

Utilizamos uns poucos recursos contidos na obra de Lucien Goldmann, seguindo neste particular as linhas gerais da análise lukacsiana de onde se originaram, a fim de sustentar uma interpretação nova de textos "antigos", e não antiquados. Devemos esclarecer, desde logo, que nos voltamos diretamente para o exame no nível lógico da ideologia, que nos permite um tratamento mais detido, da concepção de Estado Corporativo de Oliveira Vianna.

Isso não quer dizer que escondemos, esquecemos ou desprezamos o estudo do nível histórico. Na realidade apenas escolhemos o modo mais conveniente para a nossa pesquisa e, nem por isso, deixamos de lado a História, pois o modo lógico "não é mais do que o modo histórico liberto da forma histórica e dos acasos impertinentes" (Engels, 1971, p.73).

Quisemos, sim, escrever um capítulo da *História das ideologias políticas* em nosso país e nele tivemos de deparar-nos não somente com a concepção de Estado Corporativo de Oliveira Vianna como ainda com autoritarismo e com o nacionalismo no Brasil. Uma pesquisa sobre a obra desse autor fatalmente teria de tratar da relação Estado/sociedade e de questões referentes à elite política e aos partidos, além da natural menção às corporações, objeto do estudo.

Durante a análise, vemos despontar a proposição de um Estado pedagogo, edificador da nação e inspirador do civismo, que se destina a organizar uma sociedade vista quase em estado de natureza. Verificaremos na leitura da obra examinada uma extrema valorização do Chefe de Estado e do caráter técnico e apolítico da administração pública. Aliás, essa grande confiança depositada tanto no Chefe de Estado como na administração pública faz-nos às vezes pensar que Oliveira Vianna estaria representando uma tendência à abolição da política, tamanho seu interesse pela participação das organizações corporativas no poder estatal. Mas, embora permanente crítico do liberalismo, Oliveira Vianna não chega a desvincular-se dele. E assim, se de um lado professa certa privatização do Estado por meio da ação das corporações, de outro busca nesta mesma ação sua função harmonizadora dos agentes da produção, para alcançar sua meta principal, a unidade e a organização nacionais. Neste ponto exatamente se centralizam a rejeição da ideologia liberal e a adesão ao corporativismo. Chegaremos a ele por intermédio do estudo de texto.

A análise positiva dos textos, isto é, sua análise interna, revela um conjunto de significações, cuja explicação somente é possível com a inserção deste conjunto em um conjunto significativo mais amplo: o grupo social. Admitimos, em continuação, que o pensamento compõe parcela da realidade e este é o motivo pelo qual a obra de um autor deve ser integrada no âmbito do comportamento de um grupo social. Ao seguir nesta direção, escapamos da elaboração de tipo biográfico, ou de algo semelhante. Compreendemos que na relação existente entre a vida do autor e sua imaginação criadora estão presentes mediações que provocam as constantes discrepâncias entre as pretensões do autor e o significado da sua obra.

Ao constatarmos a falta de coincidência entre as intenções do escritor e o sentido da obra, quando inserida no conjunto da vida social, aceitamos uma relativa autonomia do texto analisado.

O conceito e a crítica do Estado Corporativo

O próprio objeto dificulta bastante sua investigação, quando é preciso delimitação mais exata. Não desconhecemos assim a necessidade de considerar o conceito de Estado Corporativo, que aliás nada possui de definitivo, sendo, pelo contrário, ponto muito controverso. Precisamos estabelecer, mesmo com o caráter de hipótese de trabalho, uma definição de Estado Corporativo. Mas tal definição deve ter apenas o sentido de hipótese, para livrar-nos do percalço de integrar fenômenos de natureza diferente.

Distinguem-se *corporativismo* e *Estado Corporativo*, também conhecido como *corporativismo moderno*. Quem for indagar sobre o *corporativismo*, entendido como expressão de realidades históricas subsistentes até o Antigo Regime, fatalmente deverá se deparar com a clássica obra de Etienne Martin Saint-Léon intitulada *História das corporações de ofício* (1947). Buscando algo mais atual no gênero, terá de orientar-se para a *História geral do trabalho* (1965), dirigida por Louis-Henri Parias, particularmente no que se concerne às corporações romanas e medievais e às persistências do artesanato após o século XVIII.

Na realidade, tanto um livro como o outro referem-se unicamente ao que chamamos de *corporativismo*. Esta expressão se caracteriza por sua generalidade, e é por essa razão que alguns autores, em certos casos confundindo-se, falam de "tradição histórico-cultural do corporativismo", como se as condições sócio-históricas restaurassem sempre, de maneira mais ou menos semelhante, seus fatos.

Quanto ao *Estado Corporativo* ou *corporativismo moderno*, notemos os escritos de Émile Durkheim, onde acharemos referências a este tipo de Estado. Durkheim dá extrema importância à organização corporativa nas sociedades modernas. Nele descobriremos uma enunciação descritiva de Estado Corporativo, e em análise eminentemente superestrutural, a preocupação se volta para o esclarecimento de sua função. Durkheim, nas *Lições de sociologia* (1966, p.7-43), não somente traça as linhas básicas do movimento histórico das corporações, como ainda tenta demonstrar sua viabilidade no início deste século. Critica os economistas liberais por verem inevitavelmente as corporações como sobrevivências do passado, as quais deveriam sofrer inteira eliminação.

A visão durkheimiana acompanha a trajetória da evolução corporativa: da marginalidade à escravidão oficial em Roma, o ressurgimento como base da comuna medieval, sua utilização pela estrutura política durante os séculos XVI e XVII, e a decadência no século seguinte. A urgência da organização corporativa na sociedade moderna impõe-se, para Durkheim, por motivos morais e não econômicos. Acredita que uma função social somente se mantém com a disciplina moral, e, diante do egoísmo do industrial e do operário, do comerciante e do empregado, fica completamente demonstrada a imperiosidade da regulamentação da vida econômica.

Ao esforçar-se na demonstração do valor do estado de equilíbrio, destacando a importância a ser dada à sanção, ao grupo profissional, à moral profissional, ao controle exercido por esta moral e ao grau de organização do grupo, Durkheim está impressionado com a "questão social", tentando uma solução para ela. Raciocinando neste sentido, a corporação tem sua função: formado o grupo profissional, este estabelece uma disciplina profissional, pois o poder coletivo é o poder moral. Reveste-se desta maneira a corporação de uma função de controle de instabilidade social. Em outro estudo, Durkheim aproxima a corporação ao Estado, pois ela "está destinada a tornar-se a base ou uma das bases essenciais de nossa organização política" (Durkheim, 1967, p.27), cedendo-lhe o feitio de colégio eleitoral, com a finalidade de tornar as assembleias políticas mais representativas da diversidade dos interesses sociais e de suas relações.

Parece inegável a pretensão durkheimiana de, com a criação da indústria nacional, a corporação tomar também esta amplitude, convertendo-se em instituição pública, até mesmo com filiação obrigatória. E esta integração da corporação no aparelho estatal deve ocorrer com uma fatalidade: "é muito certo que toda esta organização deveria estar unida por um órgão central, ou seja, o Estado. A legislação profissional não poderá ser senão uma aplicação particular da legislação geral (...)" (Durkheim, 1966, p.42). A corporação restaurada incumbir-se-ia de tarefas legislativas, ao definir as especificidades e os princípios gerais do contrato de trabalho, mas igualmente estaria encarregada da administração das caixas previdenciárias e da regulamentação dos conflitos trabalhistas.

Este sumário das posições de Durkheim não é descabido aqui, ele dá lugar à demonstração de que suas teses sobre o assunto se referem ao Estado Corporativo. O desejo durkheimiano de renovar o que denominamos de *corporativismo* se enquadra no âmbito da definição descritiva de *Estado Corporativo*.

Durkheim concebe uma sociedade pluralista de "grupos secundários" protetores dos interesses individuais, enquanto o Estado se afigura como "individualista", sem estar confinado à "administração de uma justiça totalmente negativa", reconhecendo-se "o direito e o dever de desempenhar um papel mais amplo em todas as esferas da vida coletiva, sem ser mística" (1966, p.42). Considerando o Estado como "órgão especial" destinado a gerar "representações" de valor coletivo, o pensamento durkheimiano dirige-se ao intervencionismo estatal na sociedade, sem recorrer à integral homogeneidade.

O corporativismo renovado de Durkheim procura sua gênese nas antigas corporações, isto é, nas associações de mercadores e artesãos, localizadas em determinada cidade e destinadas a regular o exercício da profissão, o tempo de trabalho, a qualidade da produção e o combate à fraude. Mas, ao fazê-lo, despreza uma característica da corporação antiga, de modo especial da medieval: ela era estritamente econômica. Este é o ponto central do *corporativismo* a que aludimos.

Além de Durkheim, vejamos outros casos de *Estado Corporativo*.[1] A *Carta italiana do trabalho*, de 1924, em seus parágrafos VI e VII, define o Estado Corporativo e as corporações. Para esta *Carta*, "as corporações constituem a organização unitária da força da produção e representam integralmente os interesses desta", enquanto o Estado Corporativo considera a iniciativa privada no campo da produção "como o instrumento mais eficaz e mais útil para os interesses da Nação". Este Estado integra em si todas as corporações (D'Alva, 1928, p.111-112). Ainda dentro da perspectiva fascista, Ugo Spirito também formula um conceito de Estado Corporativo. Para ele, "no corporativismo, o Estado não se opõe, mas coincide com o indivíduo". Assim, ambos são Estado, pois a corporação é o elemento mediador que anula o abismo do dualismo (Spirito, 1934, p.132).

Outra posição de Estado Corporativo pode ser encontrada nos discursos de Salazar: "o maior problema político de nossa era há de ser constituído pela necessidade de organizar a nação,

---

1 As formulações sobre corporativismo, feitas por Durkheim, são uma resposta à "questão social", como já observamos, e também à crise do liberalismo. Deve ficar claro aqui que não fazemos de Durkheim um antecessor do fascismo.

o mais possível no seu plano natural, quer dizer, respeitados os agrupamentos espontâneos dos homens à volta de seus interesses ou atividades para a enquadrar no Estado, de modo que este quase não seja senão a representação daquela com os órgãos próprios para realizarem os fins coletivos". Para Salazar este é o aspecto que dá transcendência política ao corporativismo. Concebe não somente corporações econômicas como ainda corporações morais, todas subordinadas aos fins proclamados pela nação (Salazar, 1955, p.187-188). Acreditamos que uma das concepções mais sintéticas e precisas do Estado Corporativo foi elaborada por Marcelo Caetano: "há regime corporativo sempre que uma atividade é representada e regulada por aqueles que a desempenham" (Oliveira Vianna, 1952b, p.65).

Verificamos, nesses exemplos, que o conceito de Estado Corporativo foi utilizado por diversas posições políticas, o que torna extremamente inconstante sua definição. Em linhas gerais podemos apontar sua essência, observando que ela pretende ser somente uma hipótese de trabalho capaz de nos permitir sua distinção de outros tipos de Estado. Entendemos por Estado Corporativo aquele que nasce de grupos sociais organizados, as corporações, de modo a tornar-se a expressão dos interesses econômicos destes e das forças culturais que os orientam.

Fixadas algumas elaborações do Estado Corporativo e apresentada uma definição da qual partimos, achamos necessário incluir também algumas *críticas* esclarecedoras, que nos poderão fornecer elementos para a sua avaliação. Max Weber (1974, p.25, 26, 82, 83) contestou o corporativismo como mera representação profissional e o corporativismo como estrutura de Estado. Weber está polemizando com seus partidários e, da leitura de seus escritos, uma defesa do parlamentarismo e da democracia liberal, depreendemos a crítica à institucionalização do corporativismo integral. Defende o sufrágio, a vida partidária, a utilidade do parlamento, a necessidade do político e a validade da democracia ativa, perante o fantasma ascendente do cesarismo e da burocracia.

Na crítica aos corpos eleitorais de natureza profissional, Weber retira qualquer viabilidade da representação corporativa, ao demonstrar a impossibilidade de manter-se a identificação profissional formal numa época de profundas transformações econômicas e tecnológicas. Essa identificação, imprescindível para uma lei eleitoral destinada a ordenar a representação corporativa, não chegaria a definir coisa alguma a respeito da função econômica e social, alteradas com o progresso material. Não é difícil concluir disto que, mudadas as funções, muda em consequência o significado de tarefas apenas formalmente idênticas.

A análise do texto weberiano, no que diz respeito ao Estado Corporativo, nos faz inferir qual a preocupação maior do autor. Importa-se mais com as consequências, das quais enumera algumas. Paralelamente às organizações corporativas atadas ao controle estatal, Weber vê subsistirem grupos de filiação voluntária, dentre os quais se sobressaem os partidos políticos somente com as táticas adaptadas à nova situação. Os efeitos das eleições nas organizações corporativas seriam maléficos, em razão das influências dos financiadores e da submissão aos capitalistas. Os problemas de cunho estritamente profissional acabariam por ter resolução política, até mesmo de caráter partidário.

Entre as consequências da implantação da representação corporativa, Max Weber nota também o inconveniente da presença do político substituindo o técnico dentro da corporação. Não haveria direção política capaz de debater os interesses gerais; a vida parlamentar transfigurar-se-ia em local de acordos econômicos. Seria indubitável que as vantagens convergiriam para o capitalista e não para o líder político. Em suma, Max Weber rejeita integralmente a exclusividade das organizações de direito público, preferindo as oriundas da própria ordem social, como os partidos.

Toda a atenção da interpretação weberiana concentra-se finalmente em evitar o que chama de "democracia passiva", na qual a vontade das massas não participa da administração. O Estado

Corporativo possuiria este atributo, carregando consigo também uma economia estacionária de tendência monopolística.

A tônica da inquietação weberiana concentra-se na defesa especialmente do sistema eleitoral fundado na luta e no compromisso. O Estado Corporativo, ao contrário, não se interessaria senão pela realização da concordância, da conciliação, consumindo o indivíduo em sua organicidade.

Outra crítica ao Estado Corporativo está no ensaio de Vital Moreira (1974, p.464, 465, 470). Sua interpretação parte do princípio de que o corporativismo de nossa época serve a determinada estrutura de poder econômico, social e político. Não se resume simplesmente a um ajuste de natureza institucional. O ideal corporativista moderno seria o instrumento da supressão dos conflitos de classe por meio da repressão ou do controle das organizações profissionais. O Estado Corporativo consistiria num certo "tipo de Estado capitalista, de que faz parte necessariamente a integração das organizações operárias" dentro do corpo estatal.

Inferindo daí o traço conservador de que se reveste, Vital Moreira descobre na prometida "harmonia de interesses" a afirmação do "poder das classes dominantes", sem "eliminação da oposição de classes". Ele desaprova referências a possíveis "corporativismos de esquerda" ou a contraditórios "corporativismos socialistas", associando indissoluvelmente o corporativismo moderno ao capitalismo. Moreira apoia-se na constatação de que o pressuposto fundamental deste corporativismo é a separação "capitalistas–operários", que o socialismo elimina. Nem mesmo a substituição da propriedade capitalista pela propriedade corporativa confere realidade ao "corporativismo de esquerda"; pelo contrário, tal tendência está registrada nos trabalhos daqueles corporativistas mais pertinazes de direita.

Enfim, expostas algumas conceituações, formulada uma definição balizadora, detivemo-nos em algumas críticas a fim de colocar o problema do Estado Corporativo. Querendo abordá-lo como objeto de investigação sociológica, diante da extrema variedade de formulações decorrentes das condições sócio-históricas geradoras, entendemos não caber em nosso caso a avaliação da substância de cada uma de suas expressões na realidade.

Plano do livro

A concepção de Estado Corporativo, contida nas obras de Oliveira Vianna, não nos interessa tanto pela originalidade da doutrina como pelo entrosamento das ideias. Tal concepção, no que se impõe como unidade articulada, é um indicador da natureza e da realização dos valores culturais hegemônicos da época. Tomando Oliveira Vianna como sujeito individual, isto é, como simples autor que quer expor ideias, pararíamos na mera anotação dos traços peculiares de seu pensamento e isto não bastaria. Consideramos sua obra sobretudo como expressão do sujeito coletivo, ou seja, de um grupo social que se revela por intermédio do autor.

Segundo tal orientação geral, o trabalho comportará *três etapas de investigação*, sem contar esta apresentação do problema. Na primeira etapa, a concepção de Estado Corporativo de Oliveira Vianna será examinada visando recolher os principais enunciados da cultura da época e esforçando-se por achar uma visão de mundo capaz de implicá-la. É preciso dizer que não buscamos tanto o esclarecimento das influências sofridas por Oliveira Vianna, como talvez possa ter ficado sugerido. Antes de tudo, procuramos mostrar por meio delas o forte processo de adaptação de várias fontes às condições sócio-históricas brasileiras, que lhes dá uma compreensão própria e uma típica visão de mundo.

Na segunda etapa, a mesma concepção será analisada diante das inclinações da cultura brasileira no momento, investigando o grau de adequação dela com as vigentes no país. Partindo desta operação, poder-se-á falar da existência ou não de um conceito particularizado de Estado Corporativo verificável na obra de

Oliveira Vianna, comprovando-se ou não a peculiaridade de sua visão de mundo. Localizando o autor em um dado sistema ideológico, tomamos como ponto de partida o nacionalismo autoritário, que possui uma significativa tradição dentro do nosso pensamento político.

A terceira e última etapa da pesquisa procurará estudar as formulações de Oliveira Vianna em seus aspectos objetivos. Quer dizer: destacaremos o sentido de que se revestiu a concepção de Estado Corporativo proposta por ele, perante a sociedade civil.

As fases de análise somente se separam no plano de pesquisa. Durante sua concretização não há possibilidade às vezes de cumprir fielmente as delimitações, seguindo à risca o planejado. Parece claro que as dimensões da questão se vinculam fortemente, não sendo aconselhável em certas ocasiões o exame isolado de cada uma delas. A elaboração de Oliveira Vianna constitui um todo articulado, ainda que mantenhamos a desunião dos principais aspectos do problema, com a finalidade de aos poucos compor o trabalho.

Ao ser realizado tal projeto, acreditamos não estar fazendo mera exposição baseada em determinadas fontes, mas, acima disto, apresentando outra interpretação do assunto. Isso explica a articulação dos textos utilizados na produção de nosso discurso, que os integra e dá-lhes uma leitura própria.

Naturalmente o leitor notará neste trabalho uma certa atualidade dos preceitos expostos por Oliveira Vianna, de modo especial no que diz respeito ao nacionalismo autoritário e à reiterada impotência da sociedade e de suas manifestações, como os partidos políticos. Sua confiança num Estado forte, criador da nação, ainda hoje se mantém viva para muitos pensadores políticos brasileiros.

2
A gênese

Oliveira Vianna: o intelectual e o funcionário

Francisco José de Oliveira Vianna consagrou-se como pesquisador da realidade social brasileira. Durante aproximadamente 33 anos (de 1918 a 1951) elaborou estudos interessados, em última análise, na compreensão da política nacional. Obcecado pela investigação objetiva do meio, Oliveira Vianna teve em mira a renovação das ideias, a reelaboração da nossa cultura e o aperfeiçoamento do caráter brasileiro.[1]

---

[1] A atividade intelectual de Oliveira Vianna é entendida aqui de acordo com as proposições de Antônio Gramsci a respeito: "Todos os homens são intelectuais (...); mas nem todos os homens desempenham na sociedade a função de intelectuais". Sem dúvida, partindo do conjunto de suas relações, pode-se dizer que Oliveira Vianna exerceu tal função em nossa sociedade, sendo um intelectual produtivo e orgânico, já que "tem consciência de ser um *socius*" e responsabiliza-se "pela unidade e pela homogenização do corpo social, da unidade nacional" (Gramsci, 1968, p.7-8; Buzzi, 1969, p.36-40).

Não queremos dar a entender que o nosso autor recomendasse a atitude isolacionista. Pelo contrário, parece satisfazer-se com estudos comparativos entre o Brasil e outros países, onde invariavelmente clama pela relatividade do pensamento político, pela carência da política objetiva e pela fertilidade do conteúdo sociológico das questões políticas. Suas obras se revestiram de atributos inovadores, não resta dúvida. João Batista de Vasconcelos Torres, em seu livro sobre Oliveira Vianna (Torres, 1956, p.60, 70, 106), chega a conceder-lhe o mérito de ter escrito a "primeira análise científica da formação nacional" ao publicar o volume inicial de *Populações meridionais do Brasil* em 1920. Não fica somente aí. Dota-o ainda de outros merecimentos, como ter dado início à sociologia e ao direito do trabalho no Brasil.

Qualquer que seja a apreciação feita à obra de Oliveira Vianna, é preciso lembrar sua influência. Não é fato desconhecido que as Constituições de 1934, de 1937 e de 1946, por exemplo, absorveram algumas de suas ideias básicas, por meio das atividades do escritor ou do funcionário público. Foi como funcionário que Oliveira Vianna passou parte de sua vida: diretor do Fomento Agrícola, membro do Conselho Consultivo do estado do Rio de Janeiro, consultor jurídico do Ministério do Trabalho e ministro do Tribunal de Contas da União. Principalmente nestes dois últimos cargos foi intérprete da legislação nos pareceres, membro de comissões elaboradoras de anteprojetos de lei e ardoroso defensor de seus princípios expostos em livros e artigos.

A leitura dos escritos de Oliveira Vianna impele-nos a uma primeira observação: embora mantenha um núcleo mais ou menos constante – a análise da política brasileira –, a forma de expressão e a qualidade dos vocábulos existentes nos textos diversificam-se notavelmente. Suas publicações variam muito quanto à quantidade de citações de autores, apesar da relativa regularidade de determinadas fontes, quando Oliveira Vianna prefere apontá-las em bibliografia. Merece menção também o sentido prático de seu trabalho intelectual. Não verificamos nos escritos de Oliveira Vianna outro objetivo que o de vertê-los em ação. Só proposições para o Brasil, um povo em formação, para quem sugere o estabelecimento da unidade pública.

As fontes do corporativismo de Oliveira Vianna

Oliveira Vianna apresenta um conjunto de preocupações intelectuais bastante em voga na primeira metade deste século, na Europa e nos Estados Unidos, mesmo não se esquecendo do sentido prático de sua análise. Voltado para o Brasil, principalmente a partir da década de 1920 passa a absorver algumas novidades que adapta para o estudo da realidade nacional. Delas, enfocamos aqui com destaque a *concepção de Estado Corporativo*. Tema bastante discutido na Europa de seu tempo, representava naquele momento uma das grandes inovações de teóricos de vários países. Oliveira Vianna, portanto, assumia um assunto vivo, em pleno processo de formação, convertendo-se em matéria de variados matizes.

Examinando a evolução da ideia corporativa ao longo das obras, pudemos ter noção de como ela se inseriu no universo do texto. No primeiro volume de *Populações meridionais do Brasil*, o tema aparece sob tratamento superficial e apresentado por simples menção. Nota a ausência de corporações entre os costumes das populações meridionais analisadas naquele volume, apontando a mobilidade do trabalhador e a falta de solidariedade. Em *Pequenos estudos de psicologia social* a preocupação ainda é menor: pouco ou nada existe sobre o assunto. O mesmo se pode dizer de *Evolução do povo brasileiro*, que apenas expressa a opinião de que os sindicatos e as corporações são fatores de aceleração do domínio nacional sobre o local.

A julgar pelos outros trabalhos da época, também aqui não podemos afirmar que o tema do corporativismo tenha se tornado interesse permanente para Oliveira Vianna ao estudar o Brasil.

Apregoa a solução corporativa para o Brasil em *O idealismo na evolução política do Império e da República*. No volume publicado então sob o título *O idealismo da Constituição*, faz umas poucas observações sobre a falta de organização corporativa e o domínio dos clãs. Parece ser após a divulgação de *O ocaso do Império* o momento de concentração na questão corporativa. Esta concentração se localizaria, portanto, no período compreendido entre 1925 e 1928 para o caso dos artigos referentes ao tema, presentes em *Problemas de política objetiva*, editado em 1930. O problema do corporativismo torna-se, a partir de então, quase constante nos escritos de Oliveira Vianna, raras vezes deixando de abordá-lo mesmo que parcialmente.

Se for real a fixação deste instante, fica claro o vínculo entre nosso autor e a produção intelectual europeia sobre o corporativismo, principalmente a italiana, em pleno florescimento nesta ocasião. A apresentação desta temática toma cunho de coisa nova no exame da realidade brasileira, figura como um componente moderno capaz de satisfazer as necessidades históricas reveladas pela sociedade e política brasileiras. Oliveira Vianna exibia assim uma concepção mais ou menos atual, apresentando como novidade algo ainda em preparo, citando autores vivos em sua maioria, cujas obras no momento se desenvolviam. Não desconhecemos o anterior desdobramento do ideal corporativo e compreendemos que este ideal se fortaleceu com a manifestação da "questão social". Houve, pois, intensa produção intelectual em torno do corporativismo em fins do século passado, mas tal não significa que Oliveira Vianna ali se tenha basicamente inspirado. Ao buscarmos exatidão, não devemos assegurar atraso significativo no tratamento do tema: ele é contemporâneo ao seu domínio da intelectualidade europeia.

Mesmo atendendo à tardia circulação de ideias no Brasil, que nos obriga a inovar depois dos estrangeiros já conhecerem a novidade, temos de notar a relativa atualidade com que Oliveira Vianna trata o corporativismo ainda animado pela discussão.

Neste ponto esteve entre os precursores. Ele próprio lembra somente Alberto Torres entre os cultivadores da solução corporativa, em *Problemas de política objetiva*. A introdução desta doutrina vem preencher a lacuna bibliográfica existente entre nós, pois Alberto Torres apenas a articulara no estudo de nossa realidade sociopolítica. A tarefa para Oliveira Vianna não tinha o sentido de vulgarização: conhecendo as formulações do corporativismo moderno, ele já as adaptava às necessidades impostas pelas condições brasileiras. E, deste modo, a doutrina ressurgia por meio da ciência aplicada que sempre praticou.

O encargo de ajustar à nossa situação o corporativismo europeu, acrescentando novos recursos à literatura histórico-sociológica brasileira, não era demais para Oliveira Vianna. Autor já consagrado ao sistematizar seus conhecimentos de corporativismo para aplicá-los à nossa realidade, estava associado à obra de analisar o comportamento do homem e da sociedade brasileiros por meio do método objetivo, como quisera Alberto Torres. Aderindo aos esforços deste, orientou seus trabalhos no mesmo sentido, visando a fim idêntico: atingir "uma concepção de Estado Brasileiro, enquadrado dentro do Brasil" (Oliveira Vianna, 1949, p.95).

Parece natural, pois, que se colocasse em dia com as contribuições mais modernas, em especial acerca da concepção de Estado. Daí decorre certamente o princípio do compromisso com a doutrina compensadora para quem se fixe na posição de fazer do estudo da política brasileira uma oportunidade de afirmação do centralismo, da autoridade, da comunhão das classes, do nacionalismo e mesmo da fé cristã. Não temos dúvida de que Oliveira Vianna percorreu autores destacados da doutrina do Estado Corporativo, pertencentes a nacionalidades várias e a experiências diversas. A seleção bibliográfica sobre o tema certamente limitou o número de autores citados, que são quase sempre mencionados quando Oliveira Vianna trata do Estado Corporativo.

As principais fontes utilizadas são obras de Manoilesco, Perroux e Panunzio, sendo ainda citado Pirou. As menções a Laski são comuns, mas apenas se remetem a problemas do liberalismo, do pluralismo político inglês e da organização da informação. Os três primeiros na realidade figuram como o ponto de referência básico na construção da sua concepção de Estado Corporativo aplicada ao Brasil. Destes livros são extraídas passagens para citação e sobre elas o nosso autor estabelece discussões. Também os estudos de Alberto Torres representam componentes indispensáveis para a montagem da concepção de Estado Corporativo de Oliveira Vianna. O panorama global de sua obra, quanto à matéria em questão, indica certa orientação dentro da qual estão inscritos os contornos de seu pensamento. Anotemos, porém, desde já, que esta orientação carece de coerência em muitos pontos.

O exame das fontes confere-nos a possibilidade inicial de investigar o modo como ocorreu a apropriação ou não das ideias, assim como a sua articulação, dentro do universo do texto de Oliveira Vianna. Entendemos que por aí deveríamos enfocar preliminarmente a construção teórica do Estado Corporativo atingida por este autor.

Manoilesco e a leitura de Oliveira Vianna

A análise do papel representado por Manoilesco na composição da obra de Oliveira Vianna pode ser o caminho inicial da pesquisa das fontes. Dois trabalhos deste autor merecem projeção aqui, em virtude mesmo da divulgação alcançada em nossos meios intelectuais da época: *O século do corporativismo* e *O partido único*. Eles formam em conjunto uma quase completa teoria geral do Estado, em que são esclarecidas inclusive as mais particulares questões constitucionais. Tanto a corporação como o partido único figuram como duas inovações fundamentais do mundo moderno, e diante disto Manoilesco não hesita, afirmando que entre as criações políticas e sociais de nosso século – que para o historiador começa em 1918 – há duas que enriquecem de uma maneira definitiva o patrimônio da humanidade. São duas instituições que, ao menos sob sua forma contemporânea, apresentam uma originalidade e uma novidade incontestáveis e que sozinhas chegam a dar relevo à paisagem política de nossos dias. Estas duas instituições são: a corporação e o partido único. (1937, p.VIII)

Tudo leva a crer, pois, que esses dois temas se completam, constituindo os pilares do pensamento político de Manoilesco.

O legado deste autor, chegado até Oliveira Vianna, gira em torno do estudo daquelas duas instituições, das quais a corporação tem certa preponderância. O livro *O século do corporativismo* mostra em sua inteireza a doutrina do corporativismo integral e puro, e fundamentalmente a superioridade da concepção corporativista de Estado, de onde decorre a morfologia do Estado Corporativo e das próprias corporações.

Manoilesco quer demonstrar que a doutrina do corporativismo, amoldada a determinado meio social, fornece a forma e as atribuições da corporação. Esta doutrina dispõe de uma filosofia e de uma moral, voltadas para o social, o econômico e o político, objetivando abranger o conjunto da vida em sociedade. Está evidente que a sua preocupação maior se fixa na exposição da doutrina do corporativismo integral e puro, por meio de argumentos comprobatórios de sua validade, sustentados na "ideia funcional". Dos três tipos descritos de corporativismo, o puro, o subordinado e o misto, Manoilesco procura isolar o primeiro, considerado como única solução possível.

Observando as tendências expressas na lógica da exposição, o *corporativismo puro*, base do Estado Corporativo, proposto por Manoilesco como a mais perfeita concretização deste ideal, é "o sistema político em que a fonte do poder legislativo supremo é constituído pelas corporações" (Manoilesco, 1938, p.116). O Estado em si mesmo é corporação com duas categorias de funções: particulares (em que é uma corporação propriamente dita) e de coordenação (em que é uma supercorporação). Mas a origem destas proposições se encontra em outro ponto: a nação. A finalidade suprema da nação produz obrigações assumidas pelas corporações, cujo cumprimento exige direitos correspondentes, que elas incorporam e exercem. Daí se infere que, sendo o Estado uma corporação, seu direito se sustenta nas corporações e em seus membros, como realizadores das funções básicas da nação. Tal postulado necessariamente põe à margem tanto o corporativismo subordinado quanto o corporativismo misto, relegados a um segundo plano dentro da obra.

Conceder o poder legislativo supremo a um Parlamento eleito por sufrágio universal ou então submetê-lo a um partido nacional de caráter constitucional são duas situações relativamente fáceis para uma análise cujas pretensões vão em direção da autonomia do Parlamento Corporativo. É assim que o *corporativismo subordinado* se depara com um impasse fatal: de um lado, a contradição de existir pelo sufrágio universal, isto é, por uma herança do liberalismo; de outro lado, a transformação de uma exceção em regra, ou seja, generalizar a outros países as experiências do Partido Nacional Fascista. Manoilesco não vacila em afastar o corporativismo subordinado, porque o bom funcionamento das corporações exclui o sistema de partidos e o sufrágio universal, dois estorvos condenados pela doutrina corporativa. Não é melhor a posição do corporativismo misto. Este tipo de corporativismo traz a sugestão do conflito para quem a ordem se coloca em primeiro plano.

Penetrando-se nas raízes do *corporativismo misto*, o conflito oferece-se à vista sem ilusão: a colaboração entre um parlamento corporativo e um parlamento democrático (eleito por sufrágio universal) fica reduzida à confrontação inevitável, em que primeiro, fundando no equilíbrio e no interesse geral da sociedade, contrasta com o segundo, eminentemente classista. Manoilesco não faz concessões: o corporativismo misto autoriza o conflito aberto, além de patentear o caráter de transação política. Na realidade, um projeto desta natureza teria a fachada corporativa, mas ao mesmo tempo viria acompanhada do ranço liberal.

A alternativa restante, como já notamos, situa-se no corporativismo puro, definido pela função social necessária às finalidades nacionais. Propor que as corporações formem o único fundamento possível do poder público, no qual logicamente o Estado também se assenta, é caracterizar o corporativismo puro, manifestando ainda sua integridade. Este corporativismo só pode ser integral, pois, como fontes únicas do poder, as corporações afluem todas para a constituição do Estado, sejam corporações econômicas, sejam corporações sociais e culturais.

Ao contrário do que se possa imaginar, a doutrina do corporativismo, de agora em diante sempre puro e integral, pode prescindir do aspecto econômico para a construção de sua definição. Isto quer dizer que este aspecto não é indispensável na sua conceituação, ou que não se concede prioridade à função econômica perante todas as outras da nação. Manoilesco prefere deixar ao tempo e à oportunidade a possível fixação da hierarquia das diferentes funções em uma comunidade, sem, contudo, privilegiar a função econômica, para ele tão importante quanto outras de natureza diversa. Mas a concepção corporativista, independentemente de seus traços configuradores, admite sempre uma condição para a realização dos contratos, com a finalidade de igualar o poder de resistência dos contratantes. Esta condição se resume no princípio da paridade e da arbitragem obrigatória do Estado (magistratura do trabalho), aliás, contribuição do denominado código social de Mussolini.

A ideia corporativista é primordial para a corporação, consistindo na "doutrina da organização funcional da nação, enquanto as corporações são órgãos que executam essas funções" (Manoilesco, 1938, p.50). Subjacente à doutrina corporativa está o imperativo da organização, que aí aparece sob sua forma mais completa. Sem dúvida, o corporativismo organiza a nação no conjunto de suas atividades, pondo-a em funcionamento e mobilizando-a até mesmo em suas menores manifestações. Esta capacidade de organizar e de mobilizar resulta do que Manoilesco chamou de "doutrina sobre a pluralidade de poder público e sobre a autonomia das organizações corporativas" (1938, p.78). Mas, ainda admitindo a pluralidade de poder decorrente de corporações autônomas, da qual nasce toda a organização nacional, é preciso desvendar o objetivo último da concepção corporativista. A meta desejada está na exaltação do nacionalismo e do idealismo, pois o Estado nada mais significa que um instrumento a serviço do ideal nacional, princípio primeiro da elaboração jurídica do Estado Corporativo. E este Estado se opõe pela própria natureza ao Estado Liberal. O antagonismo expressa-se da seguinte forma, no ponto a que nos referimos: o Estado Liberal possui somente uma fonte do poder público, ele mesmo, enquanto o Estado Corporativo se abre na pluralidade de fontes do poder público, representadas pelas corporações. Por este raciocínio, conclui-se que o Estado Liberal é necessariamente centralista, ao passo que o Estado Corporativo, consentindo a autonomia de organização das forças sociais, declara-se descentralizado, embora a descentralização seja formal e técnica. Em outras palavras, o regime unitário das corporações não desaprova a descentralização formal de caráter técnico.

Dizer, a partir daqui, que as corporações são órgãos de expressão da vida nacional não é novidade, mesmo se ajuntando a sua dependência do Estado, instrumento principal da efetivação do ideal superior da coletividade. O exercício de função pública fornece às corporações o direito natural de autoadministração, mas daí, segundo Manoilesco, não devemos deduzir que são agentes de atividade econômica, mas sim associações de agentes econômicos, em virtude da sua própria essência. A sua liberdade de administração, capaz de lhe proporcionar regras imprescindíveis de funcionamento, legitima-se do mesmo modo pelo qual o Estado pode gerir-se autonomamente. Seria ilusório pensar, no entanto, que na doutrina corporativista as corporações deleitar-se-iam num mar de liberdade, como erradamente poderíamos ter sugerido, mesmo por um momento.

Estamos mais distantes de tal fato. Os limites dos direitos das corporações terminam nos limites fixados pelo objeto de suas atividades, nada mais além. É esta função nacional a responsável pela solidariedade corporativa, pois as corporações são heterogêneas em sua composição. A corporação não reproduz identidade de condição, e sim o exercício conjunto da função, convergindo esforços comuns para a consecução de um fim. Manoilesco tenciona neste passo esclarecer as diferenças entre corporação e profissão. Como expressão de função nacional, a corporação compõe-se de indivíduos diversos, classificados segundo o tríplice critério do nível social, da capacidade e da profissão, o que lhe dá uma natureza heterogênea, pois encerra profissões diversas sem identificar-se com nenhuma delas. A distinção, porém, é mais profunda. Em seu cerne se defrontam duas concepções: a profissionalista, cujas origens remontam ao individualismo, às necessidades do indivíduo, e o corporativismo, que se ampara no ideal da unidade nacional.

Em síntese, na corporação deparamo-nos com uma integração funcional, sustentada em fins, sendo funcionalmente homogênea e socialmente heterogênea. Sobre estes pressupostos teóricos, minudentemente analisados, Manoilesco propõe uma definição descomprometida e pessoal, destinada a ser compatível com qualquer das três concepções de corporativismo e capaz de concretizar-se em todas as sociedades nacionais. Prepara assim um conceito amplo, com os elementos seguintes: "a corporação é uma organização coletiva e pública, composta pela totalidade de pessoas (físicas ou jurídicas) que desempenham em conjunto a mesma função nacional, e tendo por objetivo assegurar o exercício desta no interesse supremo da nação, através de regras de direito impostas aos seus membros". (Manoilesco, 1938, p.126) Verificam-se, do exame dos componentes desta definição, traços de peculiaridade revelados em dois setores principais: as corporações não se restringem apenas ao domínio econômico, assumindo ainda outras funções nacionais; e os sindicatos não constituem o seu fundamento, conforme acontece no fascismo.

Outro aspecto derivado da conceituação de corporação é a sua despreocupação com qualquer representação e defesa de interesses grupais, que ficam como encargo dos sindicatos. A organização corporativa volta-se inteiramente para o interesse da nação, seu único objetivo, e em nome de quem funciona. As atividades da corporação, através da imposição de regras indispensáveis ao seu funcionamento, envolvem membros e outros que lhe são afeitos, submetendo a todos com seu poder normativo, com sua jurisdição particular e seu direito administrativo. Em uma perspectiva global, talvez redundante, notaremos que as corporações se caracterizam por ser organizações públicas de interesse nacional, nacionais também em sua extensão e unitárias pela padronização da justiça dentro de um mesmo país.

Segundo Manoilesco, as corporações devem garantir a liberdade de ingresso, fugindo ao impedimento decorrente da hereditariedade, mas afirmando a necessidade de preparo ao exercício da função atribuída a cada corporação. A par da abertura, condicionada à competência, ela não deve buscar a exclusividade, permitindo que o mesmo indivíduo pertença concomitantemente a várias corporações. Dentro deste mundo, se prepara a moralidade corporativa, responsável pela educação do futuro do homem de Estado. Colocando como postulado a obediência ao interesse da nação ou, o que quer dizer o mesmo, a corporação como meio e a nação como fim, a moral da corporação autoriza-a a ser uma fonte de recrutamento e de formação de estadistas.

Manoilesco não deixa de propor, de modo reiterado, as vantagens da autonomia corporativa. Dela, conforme pensa, originam-se as grandes virtudes do sistema, representadas pela especialização, pela competência e pela autodeterminação da corporação. Estas virtudes geram o quadro das condições psíquicas do corporativismo, elemento complementar da realização da doutrina. A consciência do fim comum e a faculdade de elevação moral procedentes da vida corporativa formam o ingrediente afetivo para a sua execução.

As corporações passam por uma classificação que as distribui em dois ramos: econômicas e não econômicas. As primeiras recebem as funções de vida e de subsistência da nação, enquanto as segundas ficam com as funções sociais e culturais. São dois setores de produção de valores de naturezas diferentes: as corporações econômicas produzem valores econômicos e consomem valores espirituais, ao passo que as corporações não econômicas produzem valores espirituais e consomem valores econômicos. Não resta dúvida que tal classificação possui muito de simplismo e arbitrariedade. Manoilesco parece não desconhecer esta crítica, preferindo observar que sua classificação evita a posição fascista de somente reconhecer corporações econômicas. Das corporações não econômicas, pelo menos dois pontos merecem consideração: a Igreja e o Exército. A primeira, como corporação, se impõe na vida social com traços bem definidos, o que explica sua grande independência quando comparada com outras. Parece certo que, neste caso, Manoilesco se refira à Igreja Católica. Mas, ainda que a julgue bastante autônoma em sua ação, o Estado Corporativo precisa anexá-la, com a finalidade de integrar as funções morais da nação. Em vista disso, não existe separação entre Igreja e Estado, como também não existe entre Exército e Estado. Ambas as corporações, perfeitamente configuradas até mesmo nos pormenores, sendo tão antigas quanto o Estado e tendo cada uma espírito de grupo, hierarquia particular, disciplina, sistema de educação, sistema jurídico e ética própria, ostentam a autonomia relativa diante do Estado-orientador.

A esta altura, qualquer abordagem da análise de Manoilesco referente ao postulado da autonomia passa por momentos difíceis, pois, em termos de independência, Estado e Igreja se identificam no corpo do Estado Corporativo. A escassa autonomia mantém-se no âmbito das corporações econômicas. Qualquer organização social da economia deve passar por fases. Inicia-se pelo nivelamento de operários e patrões, com agrupamentos em separado. A esta providência se seguirá uma segunda destinada a polos em contato para obrigá-los a trabalhar. Tal é a fórmula de constituição da corporação econômica; a integração dos sindicatos operários e patronais. De acordo com a doutrina corporativista, os sindicatos limitam-se a desempenhar o papel de órgãos parciais dentro de um órgão complexo; a corporação, por sua vez, simples instrumento diante dos fins de Estado.

A principal função social da corporação sintetiza-se na promoção de ambiente moral favorável à colaboração entre patrões e operários, por meio do recurso da identidade de posição de ambos. Esta igualdade de situação não sugere uniformidade de poderes e de condições humanas, mas, ao contrário, submissão aos princípios da moral social e nacional. A resolução dos conflitos sociais irrompe da igualdade, a que tanto uns quanto outros estão subordinados, mergulhando a vida econômica no mar do equilíbrio e da ponderação. No corporativismo puro não há lugar para crises; cada força corporativa com propósitos exploratórios da coletividade deparar-se-ia com as demais corporações.

A resistência da corporação não provém de qualquer delegação dos seus membros; ao contrário, é ainda o princípio funcional, o gerador de todo poder corporativo, o qual é proporcional à função exercida. A vontade da corporação deve constituir-se em nome de preceitos diversos da democracia e correspondentes à doutrina do corporativismo puro. Na realidade, esta vontade é algo que precisa ser evitado, pois não constitui expressão de interesses corporativos. Os recursos do organizador devem permitir o parcelamento das questões impostas às corporações e aos sindicatos, esquivando-se da manifestação da vontade coletiva. As questões recebem pareceres técnicos e objetivos, nascidos da divisão das fontes consultadas. Por tal artifício, isto é, pela distribuição das atribuições aos diferentes órgãos da corporação, cada um falará de acordo com sua especialidade. As organizações corporativas encontram-se, pois, aparelhadas para ministrar uma educação particular da qual surge o espírito corporativo, em toda a sua amplitude e integridade, do mesmo modo como a nova educação nacional dará vida a outro espírito da nação.

Colocados em evidência estes lineamentos da doutrina do corporativismo puro e integral, defendidos por Manoilesco, fica-nos a impressão inicial de que alguma coisa faltou. Não é preciso esforço muito grande para observar-se que o foco principal de interesse voltou-se à concepção do corporativismo e ao funcionamento da corporação. O restante sobreviverá a seu tempo, seguindo os passos da análise. Manoilesco mesmo não esconde a pretensão de expor a doutrina, segundo "ponto de vista pessoal, sobre a base de certos elementos comuns às demais, mas mostrando em seu conjunto um caráter ao mesmo tempo unitário e original" (1938, p.43). Sua posição como apresentador do corporativismo puro embaraça um pouco a exata apreciação de sua obra. Uma leitura rápida, e portanto superficial, teria o inconveniente de ver nela a sustentação ardorosa do princípio da autonomia plena da corporação, especialmente caso se entusiasme com o poder atribuído ao Parlamento Corporativo. Manoilesco converte toda a atenção para a organização corporativa, perturbando os desavisados quanto à realidade de sua doutrina.

No ponto que, nesta ocasião, nos interessa, não podemos perder da lembrança a transformação social em andamento na Europa notadamente, e parece natural que ela se transpusesse para o universo das suas obras, e para *O século do corporativismo* em particular. Aliás, elas traduzem com fidelidade e penetração, pondo às claras uma situação social angustiante e indefinida, que gradativamente se estendia por quase todos os países europeus, ameaçando outros tantos ainda. Manoilesco propôs uma doutrina geral capaz de ajustar-se às peculiaridades das nações, trazendo-lhes o alento da solução às conjunturas críticas. Representa, desta maneira, um momento histórico em que a crise europeia se separa do domínio das premissas socialistas, para submergir nos preceitos do conservadorismo totalitário. Não queremos afirmar com isto que estamos diante de um pioneiro da doutrina corporativa, mas sim de um teórico importante, cujas pretensões visaram à preparação de uma teoria bastante abrangente do corporativismo. Acrescentaremos ainda a vasta influência exercida por Manoilesco, cujo pensamento se propagou intensamente e se efetivou em parte por meio da ação política.

A necessidade de esclarecer a posição de Oliveira Vianna diante de Manoilesco nos levou a amiudar as referências até um ponto onde se poderia presumir tratar-se de estudo minudente do pensamento deste autor, tal a insistência em repassar suas noções. Nada mais incorreto. Nosso empenho se resume em fixar determinados conceitos indispensáveis para situar Oliveira Vianna perante as proposições de Manoilesco. Pelo menos *O século do corporativismo* chegou a ser traduzido para o português por Azevedo Amaral, e obteve certa divulgação nos meios intelectuais brasileiros. O próprio Oliveira Vianna, sempre bem atualizado em matéria bibliográfica, cita-o "como informação doutrinária do regime corporativo e suas instituições" (Oliveira Vianna, 1938c, p.62), sugerindo nesta oportunidade a solução do "corporativismo de Estado", em que ocorre a absorção pelo Estado das organizações corporativas, como partes integrantes ou como órgãos subordinados.

A menção, portanto, não se vincula ao outro tipo de corporativismo, denominado "corporativismo de associação", no qual as corporações mantêm a autonomia. Aqui fica claro um ponto: Oliveira Vianna não desconhecia os comprometimentos da doutrina de Manoilesco e, por isso mesmo, o colocava entre os proponentes do "corporativismo de Estado". Reiteradamente Oliveira Vianna o põe no devido lugar, deixando entrever a quem observa com cuidado que existem reservas na aceitação de algumas noções, procurando até utilizá-las com certa liberdade. A leitura livre de autores não é incomum em sua obra, mas com

Manoilesco este aspecto é significativo. A restrição neste caso deve ser anotada porque, ao se referir a ele, Oliveira Vianna confessa a crença no corporativismo, mas sempre para acrescentar ou para reformular o texto.

Nunca acontece a aceitação pacífica. A reelaboração é processo constante para quem objetiva implantar o corporativismo no Brasil, mas, salvo este aspecto, ela se realiza também para explorar a doutrina de Manoilesco de acordo com suas finalidades teóricas. Da "informação doutrinária" fornecida por este autor, parece certo que o ponto central de interesse para Oliveira Vianna é a concepção de corporativismo, e especialmente o funcionamento da corporação, rejeitando de modo explícito a subjacente doutrina do Estado. Oliveira Vianna toma no texto de Manoilesco só o que lhe abrirá oportunidade de manipular conceitos, com vistas à adequação à realidade brasileira. Assim, a doutrina do corporativismo puro e os traços mais fortes das corporações assumem dimensão considerável para ele, apregoando-as deste modo: "Disse Manoilesco que este é o século do corporativismo. Eu acrescentaria: e do sindicalismo. Ou melhor: das organizações profissionais; dos grupos econômicos; das categorias profissionais organizadas" (Oliveira Vianna, 1952b, p.111).

O Estado concebido por Manoilesco é totalitário em sua essência, e desempenha papel, mesmo em obra dedicada a tratar do postulado da autonomia corporativa, como *O século do corporativismo*. Esta afirmação tem maior consistência ao considerar-se *O Partido Único*, sua obra de complementação. Interessamo-nos por ora pelo trabalho sobre as corporações. O Estado Corporativo de Manoilesco assume as funções gerais, relacionadas com a defesa nacional, a política exterior e a ordem interior, ficando as funções particulares a cargo das corporações. Ainda nestas, as funções de coordenação e equilíbrio entre as corporações são executadas também pelo Estado, agora na qualidade de supercorporação. Desempenha nestes casos trabalho de vigilância e síntese das atividades.

Ora, não precisamos de muitos outros dados para concluir pelo caráter totalitário do Estado. No corporativismo puro a presença estatal é mínima nas funções que lhe são específicas e máxima na ação fiscalizadora das corporações. Observar, em seguida, que o Estado é plural porque dispõe de descentralização funcional não suprime sua unidade e muito menos seu caráter totalitário.

Aliás, o Estado plural representa uma nação una, em que não se tem uma igualdade a não ser na submissão, porém com muita justiça social. O seu retrato é assim esboçado por Manoilesco: "O caráter unitário e solidário do Estado Nacional é representado pela unidade dos fins e a convergência dos meios. Aquela se realiza na consciência nacional, esta na organização nacional" (Manoilesco, 1938, p.186). A participação do chefe de Estado irrompe então como o árbitro constante e o símbolo da unidade, enquanto as atividades educacionais tomam o caráter de conversão aos ideais nacionais.

A proposta de Estado Corporativo de Manoilesco é totalitária, e para legitimá-la edificou a concepção de corporativismo puro, tal é a ideologia. Faltava terminar o conjunto. Ele o completou com a apologia do partido único, em obra posterior.

A liberdade de interpretação dos textos de Manoilesco dá condições a Oliveira Vianna de contraditar exatamente o centro de toda a sua teoria do Estado, isto é, a concepção totalitária do Estado Corporativo.

Sua erudição autorizava-o a não desconhecer suas posições teóricas, avaliando a extensão de suas críticas e proposições. A escolha dos textos a serem utilizados nas citações demonstra não apenas extremo cuidado com a qualidade como ainda denuncia certa orientação doutrinária.

Se extirpa da doutrina de Manoilesco o traço totalitário e assimila a projeção dada aos princípios corporativistas e ao funcionamento das corporações, é porque tem objetivo definido. Não queremos dar a entender que Oliveira Vianna dedica longas razões para externar a negação do totalitarismo. O que acontece é o oposto. Oliveira Vianna toma os textos de Manoilesco unicamente para ter a oportunidade de justificar o corporativismo, e só então se permite excluir a feição totalitária que lhe é inerente. Trata-se, portanto, de leitura orientada, em que uma parte é assumida e defendida, enquanto o resto é relegado ao esquecimento, quando não o sujeita a uma crítica sutil e velada.

Pensamos que é mais válido, em vez de ficar demonstrando que Oliveira Vianna ao citar Manoilesco preferentemente tem por fim expor suas próprias ideias, verificar o ponto de atrito entre ambos. A contestação do Estado Totalitário define bem o momento da ruptura com a concepção do corporativismo puro, porque é o totalitarismo o suporte sobre o qual se assenta esta doutrina. Oliveira Vianna, pois, retira para si o acidental, a superfície, e não a base. Haja vista que a base é a ortodoxia totalitária, e isto ele não acredita realizável, conforme diz em *Problemas de organização e problemas de direção*:

> Esta ideia-força (o corporativismo) é, sem dúvida, imperativa e de inevitável realização futura; mas, se a interpretarmos sem ortodoxismos, esta ideia não nos poderá levar a uma organização imediata e integral da nossa vida econômica dentro das formas do padrão corporativo, estabelecidas pelos ortodoxistas do sistema, como Manoilesco e Costamagna. Nem seria possível, nem prudente, meter desde logo, e na sua totalidade, o povo brasileiro dentro de uma estrutura corporativa. (Oliveira Vianna, 1952, p.96-97)

Pretendendo acompanhar ou integrar criticamente Manoilesco, quanto a sua doutrina do corporativismo puro e integral, Oliveira Vianna inverte os termos da questão, modificando o pensamento daquele e tendendo a extrair o corolário para desprezar o essencial. Assume o corporativismo em todas as suas manifestações, mas renuncia à essência do Estado que o sustém. Ora, a renúncia da essência é a recusa do próprio Estado, ou seja, dos fundamentos da construção teórica de Manoilesco. A esta altura nos parece bem clara a intenção de Oliveira Vianna, e poderíamos, caminhando por estas constatações, assinalar a distinção entre o pensamento de Manoilesco e o de Oliveira Vianna. No primeiro, o centro das cogitações e a organização corporativa sob a forma de Estado Totalitário. Em Oliveira Vianna, o interesse converge para os postulados corporativistas e para o desempenho das corporações.

Perroux, Pirou e a leitura de Oliveira Vianna

Oliveira Vianna, tal como ocorreu com Manoilesco, se beneficia também dos conhecimentos de Perroux. Acerca do corporativismo, é mencionado constantemente seu livro *Capitalismo e comunidade de trabalho*, editado em fins da década de 1930. O encaminhamento do exame das contribuições de Perroux chegará à mesma orientação já consagrada na análise do texto de Manoilesco. Oliveira Vianna tomará a sua trajetória, citando livremente as passagens e comumente ampliando ou reformulando os preceitos. As proposições de Perroux, contidas na obra mencionada, merecem investigação especial diante da valia atribuída a elas por Oliveira Vianna. Em *O idealismo da constituição*, edição de 1939, a elaboração doutrinária daquele autor é enaltecida, colocando-a mesmo como nova carta de princípios, representativa de nova era.

As palavras são enfáticas e os propósitos bastante altos para deixarmos de registrar o trecho

> Compreende-se agora aquele conceito profundo de Perroux quando disse que o século XVIII trouxera a Declaração dos Direitos do Homem, mas o século XX trazia a Declaração dos Direitos do Grupo. É nos grupos homogeneamente organizados (...) que se procura hoje, de preferência, as expressões daquela "vontade

geral", que é o fundamento dos regimes democráticos. (Oliveira Vianna, 1939, p.214-215)

Em texto do ano anterior, Oliveira Vianna igualmente recorrera a Perroux, para indicá-lo como bibliografia, aliás pelo menos em duas situações diversas. O livro mencionado neste caso é *Problemas de direito corporativo*, no qual Perroux aparece como bibliografia necessária à compreensão sintética e crítica das diversas organizações corporativas modernas e à pesquisa da concepção da empresa como totalidade ou unidade jurídica. Notaremos sem grande dificuldade os objetivos deste destaque.

Oliveira Vianna alude, de um lado, à anexação das corporações ao Estado, subordinando-as ou integrando-as para a consecução de seus fins. De outro, busca em Perroux também, auxílio para mostrar a aceitação mais ou menos generalizada dos novos atributos da decisão do Tribunal do Trabalho, que obriga a empresa toda, como "unidade jurídica". O estudo da obra *Capitalismo e comunidade de trabalho* denuncia uma posição típica do autor, da qual Oliveira Vianna vai beneficiar-se em parte.

Elaborando a descrição e a análise de várias manifestações contemporâneas do regime corporativo, algumas de indiscutível significado, Perroux interpõe certas proposições definidoras da sua concepção de corporativismo. Pondo em discussão esta problemática, ele se propõe a demonstrar que a tendência corporativa se configura somente no capitalismo em suas formas evoluídas e que o corporativismo moderno é fruto da crise deste mesmo sistema. Portanto, o que este corporativismo tenta resolver nasceu e deverá morrer com o capitalismo. Perroux repudia qualquer tentativa de definir o fenômeno corporativo por meio de princípios abstratos como liberdade, a concorrência, o monopólio ou qualquer contingência de determinada política nacional. A essência da definição está em outro lugar.

O corporativismo moderno deve ser interpretado com base na relação capital/trabalho, ou melhor, na separação entre eles e no consequente antagonismo de classes. As forças do capital e do trabalho, em virtude de necessidades ingentes, organizam-se e defrontam-se sistematicamente. O movimento sindical é o preâmbulo do ideal corporativista moderno, pois agrupa isoladamente os dois poderes, criando a situação favorável ao aparecimento do problema da conciliação das classes. Parece natural retirar daí uma tese: a tendência corporativa concretiza-se quando se intenta reparar as consequências da separação capital/trabalho, originária da própria empresa. Dentro da lógica deste raciocínio, a corporação moderna buscará uma "economia concentrada" no interior da vida nacional, harmonizando interesses e objetivos dos grupos de produtores.

Perroux sustenta, partindo destas considerações, a concepção de corporativismo *stricto sensu*, isto é, "todo regime que, no interior do sistema capitalista, organiza, na intenção de corrigir os efeitos e os abusos ocasionados por tal sistema, a colaboração do elemento patronal e do elemento operário" (Perroux, 1937, p.13). Tal corporativismo seria a possibilidade de realizar-se o anticapitalismo, desde que se valorizasse a corporação de tipo novo e original, onde os antagonismos estariam suprimidos. Esta corporação de nova imagem seria um agrupamento de natureza pública ou semipública, com representação paritária, capacitado a estabelecer os preços dos produtos e dos serviços, retirando-os do jogo das leis de mercado. O Estado interviria durante os conflitos entre os dois grupos, e executaria o papel de árbitro destinado a resolver crises ou de supridor de qualquer deficiência da vida econômica.

A inovação proposta por Perroux está no caráter supletivo do Estado: ele colabora com os particulares, sem fechar estabelecimentos, sem deslocar trabalhadores e sem repartir os capitais. Esta visão de corporativismo se distancia da doutrina de Manoilesco, divergindo por princípio da sua concepção de Estado. Perroux anuncia uma planificação corporativa diversa do capitalismo liberal e da planificação coletivista. A representação igualitária corresponde à igualdade de força contratual dos dois grupos interessados, funcionando sempre perante terceiros desempatadores, representantes do Estado e participantes neutros. A ação estatal, desenvolvendo-se no sentido de decidir e realizar, estaria acima dos interesses particulares dos grupos, para resguardá-los enfim.

As distâncias entre o corporativismo *stricto sensu* e os demais, fascistas ou não, concorreram para que Perroux mudasse a denominação para "comunidade de trabalho", que viria significar: "1. que este regime repousa sobre a colaboração de todos os elementos da sociedade econômica e não sobre a dominação de alguns deles após a eliminação dos outros; 2. que este regime constitui a terceira solução que não é nem do capitalismo nem do socialismo planificado" (Perroux, 1937, p.214). Esta terceira solução, no nível dos direitos do grupo, opera no sentido de demonstrar a necessidade do personalismo no mundo moderno. A postura personalista constrói uma ordem de valores dentro da qual o Estado vem depois da pessoa humana, único portador terrestre dos valores absolutos. O reconhecimento da pessoa como possuidora livre e consciente destes valores abate em suas bases a autoridade estatal, submetendo-a e destinando-a ao dever de servir.

A qualquer momento, em todas as suas formas, o Estado é o reflexo de uma sociedade de pessoas, e a decisão política jamais pode ser instrumento de interesse, e sim opção concernente ao bem comum, ou melhor, à comunhão de todos. Perroux proclama que "soa a hora em que a pessoa, para ver sua autonomia assegurada, deve ser integrada em grupos reconhecidos pelo direito positivo e pelo estatuto político. A Declaração dos Direitos do Grupo é uma forma modernizada e enriquecida da Declaração dos Direitos do Homem" (Perroux, 1937, p.267). Quem conhece algumas manifestações de Oliveira Vianna, contidas em *Direito do trabalho e democracia social*, deliberadamente católicas, não demorará em concluir por sua adesão à doutrina de Perroux.

A eloquência com que adota a Declaração dos Direitos do Grupo, já referida em *O idealismo da Constituição* e de novo presente em *Problemas de organização e problemas de direção*, quando alude ao sindicalismo e ao corporativismo no mundo do pós-guerra, não permite, à primeira vista, incerteza de que assume a defesa da "comunidade de trabalho". Mas não é difícil demonstrar o contrário. Da doutrina de Perroux, nosso autor somente assimila uma parcela, como apenas assimilou um pouco de Manoilesco. Defensor do personalismo e do Estado gerado pela sociedade, Perroux sistematiza com sucesso a chamada terceira solução, de origem e divulgação católicas. Sua "comunidade de trabalho" nasce do antagonismo de classes desenvolvido pelo capitalismo, o que significa que Perroux pesquisou as raízes econômicas da sociedade moderna. Oliveira Vianna não ignora sua filiação à doutrina social da Igreja, como observou em *Problemas de direito sindical*, ao estudar a posição e o papel das associações profissionais não sindicalizadas.

Afirmamos anteriormente que nosso autor se serviu da doutrina do corporativismo puro e integral de Manoilesco apenas para colocar, à sua maneira e segundo suas opiniões, as ideias indispensáveis. O mesmo vamos dizer de Perroux. Se em determinado momento toma para si o personalismo, encaminha-se para a orientação do catolicismo, tudo parece autorizar a convicção de que, em matéria de corporativismo, Oliveira Vianna concorda com Perroux. A verdade é o contrário. Cabe perguntar em que pontos discordam.

Oliveira Vianna considera Perroux um inovador, defensor das novas tendências do mundo moderno. Ao examinar a posição e o papel das confederações, em *Problemas de direito sindical*, junto de outros autores, utiliza Perroux para atacar o liberalismo em sua prevenção contra o Estado. Para Oliveira Vianna, a nova época repudia tal resistência, que já não subsiste em parte alguma, mesmo nos países chamados liberais. Ou então, em outra carga, ainda nesta obra, falando das associações profissionais não sindicalizadas, ele lança mais uma arremetida contra o liberalismo que não reconhece o primado interesse coletivo sobre o interesse individual e apresenta o postulado de que não existe interesse individual, menos em direito do trabalho e em economia.

Colocado como um dos representantes da moderna análise sociológica, será usado como uma voz a mais para confirmar que esta análise já privilegiou a coletividade e sua influência sobre os sistemas de ideias, os sentimentos, os direitos e até os interesses individuais. Retorna assim Oliveira Vianna com a pretensão de provar o predomínio do social, e para isto Perroux é fundamental como divulgador dos direitos do grupo. Neste intuito ainda o cita em *Direito do trabalho e democracia social*, ao referir-se à democracia de partidos e à democracia de elites.

O subsídio ofertado por Perroux para a construção do corporativismo de Oliveira Vianna limita-se à afirmação dos direitos do grupo, ou melhor, dos direitos da corporação. A supremacia do coletivo, além dos lineamentos católicos, é a principal contribuição de Perroux. Dizer que a modernidade consagra o grupo e que unicamente ele dá condições à pessoa humana parece ser o material de que se serve Oliveira Vianna. Enfim, o pluralismo católico remetido contra o liberalismo, como superação deste. Outra vez nosso autor rejeita o principal: os fundamentos econômicos da "questão social" e o caráter condescendente do Estado, dentro da teoria de Perroux. Em Manoilesco, o essencial foi posto de lado, o Estado Totalitário. Agora, Oliveira Vianna também não fica senão com o pluralismo dos grupos sociais, que celebram nos seus direitos perante um Estado cooperador, cordato e tolerante. Em resumo, os atributos grupais e suas consequências, especialmente para o direito do trabalho e para a economia, fascinaram Oliveira Vianna e representaram a base da sua concepção de corporativismo.

Da mesma maneira que os escritos de Manoilesco foram convertidos em fundamento da doutrina corporativa de Oliveira Vianna, eliminado o suporte estatal, assim também Perroux viu cair por terra sua idealização do Estado colaborador, além da explicação econômica do problema da conciliação de classes, geradora do corporativismo. Oliveira Vianna herda de ambos a construção teórica do corporativismo e recusa dos dois as configurações do Estado, apesar de profundamente diferentes. Como observamos antes, num caso e noutro nega o principal e apropria-se do acessório. Esta atitude de catar conceitos em autores de orientação e objetivos distintos, organizando mais ou menos livremente cada uma das contribuições, repete-se sempre e mostra uma tendência. A oposição às teorias do Estado delineadas até agora constitui argumento de que há objetivo certo a ser atingido. Certifiquemo-nos disto com outro autor mencionado.

Pirou foi outro teórico que na área do corporativismo recebeu boa receptividade de Oliveira Vianna, sendo lembrado várias vezes para confirmar suas alegações. Por exemplo, ao sugerir a necessidade de vigilância do Estado sobre as "associações profissionais" e os "grupos econômicos", como imperativo da época, cita-o e utiliza seus argumentos: "Pirou chama o direito de fiscal do Estado, guardião do interesse geral, sobre a ação dos grupos econômicos profissionais" (Oliveira Vianna, 1943, p.32). A preocupação de Oliveira Vianna com Pirou não se restringe a este caso, existem outros presentes em *Problemas de direito corporativo*. Indicando-o para consulta sobre a doutrina do regime corporativo e suas instituições, ou para a compreensão sintética e crítica das organizações corporativas modernas, quando examina o papel das corporações administrativas do Estado Moderno, Oliveira Vianna sempre tem em Pirou uma fonte segura e direta.

Ainda na obra referida, escrevendo sobre os conflitos econômicos e sua solução convencional, ou sobre o conceito de convenção coletiva no Direito Positivo Brasileiro, Oliveira Vianna encontra em Pirou um dos autores indispensáveis para comprovar a capacidade de os sindicatos promoverem convenções coletivas. O direito de autorregulamentação, com poder de obrigar todos os membros da categoria, dá origem à lei da profissão. À primeira vista nos fica a impressão de que Pirou oferece a Oliveira Vianna os conceitos demonstrativos do calor da convenção coletiva e da ação estatal fiscalizadora das atividades das corporações. E é isto mesmo o que sobra.

Para Pirou, a essência do corporativismo é a ideia da união de todos os que exercem a mesma profissão, em um corpo de natureza pública, colocando-se na posição intermediária entre os indivíduos e o Estado. Este corpo tem organização partidária forçosamente, e obriga todos em suas decisões. As atribuições concedidas às corporações são agrupadas em econômicas, sociais e políticas. Das econômicas, o saneamento do mercado ressalta-se em virtude da necessidade de evitar desequilíbrios entre a oferta e a procura. A atuação permitida pelas atribuições sociais das corporações está representada pela concessão de abonos familiares e de seguros sociais, e até mesmo pela organização do combate ao desemprego. Dentro do campo político, a ação corporativa tem a finalidade de preencher uma das câmaras, a de caráter profissional.

Pirou vê algumas vantagens do corporativismo em relação ao liberalismo, consubstanciadas notadamente no mérito de assegurar a ordem, a disciplina e a justiça. Mas as vantagens apresentam-se também diante do estatismo e do sindicalismo. As corporações consistem numa obra de organização e de disciplina edificada pelos próprios membros, sem precisar recorrer à coerção externa do Estado. Esta obra não faculta ingressos, conforme acontece com os sindicatos, mas obriga-os. Nem se perde na confrontação política, motivo de desgaste e de enfraquecimento, que conduz os sindicatos a desvios de suas atividades econômicas e técnicas. Chegado a esta altura, pode parecer estranho a quem nos acompanha, mas Pirou é também crítico do corporativismo, prodigalizando-lhe objeções. Enumera os defeitos do corporativismo autônomo, do corporativismo subordinado e até mesmo da "comunidade de trabalho" engendrada por Perroux.

A total autonomia corporativa ante o Estado desperta em Pirou a dúvida de que representantes de interesses profissionais tenham condição de debater e de regulamentar os problemas gerais da nação numa câmara corporativa, melhor do que fazem os políticos. Quanto a Perroux, que deseja evitar a dupla alternativa entre anarquia e tirania, mesmo admitindo o cunho inovador de *Capitalismo e comunidade de trabalho*, Pirou reserva a importante contestação de que, com a implantação das "comunidades de trabalho", a economia tomaria rumos indefinidos. E explica-se: com o estabelecimento dos preços das mercadorias e dos serviços por meio do acordo das partes ou da decisão de terceiros desempatadores, a economia de mercado transformar-se-ia na economia planificada (se os desempatadores seguissem ordem de cima), ou na economia incoerente (se agissem desordenadamente), ou ainda na exploração dos fracos pelos fortes.

A leitura dos trabalhos de Pirou revela grande preocupação com o corporativismo subordinado ao poder político, ao estatismo, sobre cujos perigos assim se manifesta: "todos os países que nestes últimos tempos organizaram o regime corporativista afastaram esta primeira modalidade da doutrina (o corporativismo autônomo). Longe de conceber o corporativismo como a *antítese* do estatismo, eles viram nele seu melhor auxiliar" (Pirou, 1939, p.100). Depois de tudo isto, qual a situação de Pirou ante o corporativismo? Da exposição somente se deve deduzir que, para ele, este fenômeno nunca poderia ser concebido como panaceia salvadora, destinada a harmonizar todos os conflitos econômicos e sociais. Mas, como doutrina cultivada pelo nosso século, não precisa ser vista como heresia da qual nada se retém.

Como conjunto, a construção teórica do corporativismo, segundo Pirou, traz inúmeros subsídios para Oliveira Vianna: a configuração da corporação, a autoadministração com poder de ditar normas aos membros da profissão, o controle dos desequilíbrios econômicos e sociais e a assistência social. Contudo, Oliveira Vianna repele o corporativismo misto, ou seja, uma câmara corporativa e outra câmara democrática (eleita por sufrágio universal). Defende o sindicalismo e repudia o liberalismo, nem mesmo aceitando a função de duas câmaras de natureza diferente, como quer Pirou. Novamente o ponto de discórdia se concentra em torno do Estado.

Pirou desconfia do estatismo, apesar de conferir ao Estado o direito de fiscalizar as corporações. Mas o domínio estatal macula o corporativismo. E então Oliveira Vianna, valorizando a projeção dada à convenção coletiva e à ação estatal fiscalizadora das corporações, parece sugerir a inexistência desta objeção. De acordo com Pirou, o Estado fiscaliza, mas não controla. Para Oliveira Vianna, o Estado fiscaliza e domina. Pirou aproxima-se mais de Perroux do que de Manoilesco. É o meio-termo, porém meio-termo distinto de Oliveira Vianna.

Se de Perroux os fundamentos econômicos da "questão social" e o caráter cooperador e tolerante do Estado foram relegados, para consagrarem-se os direitos da corporação, de Pirou os traços gerais da organização corporativa passaram para segundo plano, a fim de dar-se destaque à convenção coletiva e ao poder de fiscalização do Estado. Fatalmente, de novo, Oliveira Vianna extrai o acessório. Marginaliza o principal: o fiscalismo não é expressão do estatismo e a convenção coletiva realiza-se, no caso, pelos sindicatos, de quem Pirou duvida. Oliveira Vianna isola deliberadamente o real sentido do Estado para Pirou. Mais uma vez, longe de acontecer engano, o nosso autor se filia a um intento predeterminado.

Manoilesco, Panunzio, Laski e a leitura de Oliveira Vianna

Desenvolve-se a atitude fragmentadora de Oliveira Vianna; elabora de acordo com irreprimível tendência a deslocar-se das posições adotadas por seus autores escolhidos. Tem-se a impressão de que Oliveira Vianna se aproveita intensamente de suas anotações, montando com cuidado uma concepção de Estado Corporativo: sem caráter totalitário, colaboracionista (terceira solução) ou fiscalizador. As aparentes contradições porventura notadas apenas revelam a preocupação de Oliveira Vianna deixar-se levar pelas ideias sedutoras de suas fontes, para em seguida aceitá-las em termos. O fato de a montagem do Estado Corporativo implicar a coleta de conceitos de origem vária, para compor a própria interpretação do fenômeno, vem se comprovando gradativamente. Insistamos nesta prova.

A opinião dos comentados é empregada como simples adição ao pensamento exposto por Oliveira Vianna, em matéria de corporativismo. Regressemos a Manoilesco para mais esclarecimentos. No já conhecido *O século do corporativismo*, deparamo-nos com o exame dos imperativos do século XX e da crise do individualismo e da democracia. Chega a propor esquema para funcionamento dos órgãos legislativos e do governo. Entre os imperativos do nosso século, Manoilesco privilegia as novas condições da economia mundial que exigem a criação da unidade nacional por meio do Estado, de agora em diante a nascente de todas as regras do intercâmbio internacional. Houve aí mudança profunda. Ao longo do século XIX, para Manoilesco, valeu a solidariedade econômica das classes, ao passo que o século atual se caracteriza marcantemente pela solidariedade econômica nacional. Isso quer dizer que a nova solidariedade envolve os vínculos estreitos dos interesses dos indivíduos e dos grupos, sob a coordenação do Estado, "a expressão suprema dessa solidariedade". A nação assume, desta maneira, os contornos de uma coletividade consolidada pelo espírito da solidariedade.

Esta nação carece do outro tipo de Estado, o Estado Novo, que anime o povo com um ideal, conforme fizera o Estado Fascista ou o Estado Nacional-Socialista Alemão. O caráter unitário da nação pressupõe a mobilização por meio de organização perfeita dos recursos e dos elementos de força de cada país, transformando este aspecto no ponto central da política. É preciso sem demora extrair o máximo de resultados econômicos com os meios restritos existentes, pela fórmula originada de nossa época: substituir a liberdade pela organização. O imperativo da organização desponta como uma dimensão da subsistência. Aqui se põe o problema do corporativismo, instrumento de organização de cada setor da produção. Pelo entendimento entre as diferentes corporações, harmoniza-se integralmente a economia nacional e alcança-se outro imperativo considerável, a descapitalização, ou melhor, a atenuação do capitalismo.

Fixar-se nestes conceitos forçosamente impele à denúncia do Estado Democrático-Liberal. Neste sentido caminhou Manoilesco. O Estado Democrático expressa em essência a desorganização, por meio da anarquia partidária gerada pela disputa do poder público, cujos efeitos intervêm no próprio mecanismo estatal. O pluralismo aqui não é conveniente. O melhor pluralismo é o definido pelo corporativismo, virtuoso em sua estabilidade. O Estado Corporativo, fundado no princípio funcional, submete o indivíduo às limitações das normas e às imposições derivadas das várias corporações.

Falar-se em autonomia corporativa aí ainda é a única saída permitida, porque a individual por princípio está morta.

Aparecendo como corporação, para em seguida receber a qualidade de supercorporação, o Estado passa a ter o direito de sobrepor-se a todas elas, sendo "o único a criar critérios, que a nação é obrigada a aceitar". Tal Estado se compõe do chefe de Estado, do Parlamento Corporativo e do Governo, devendo constituir-se num todo sólido capaz de orientar a nação. Manoilesco admite a hipótese de que os dois agrupamentos, econômico e não econômico, venham a expressar-se separadamente no Parlamento Corporativo. A solução da Câmara Corporativa única justifica-se com maior razão diante dos fracassos do sistema bicameral do Estado Democrático-Liberal, formando-se de deputados com mandatos revogáveis pelas corporações correspondentes. Seguindo a lógica, o deputado é expressão de certa corporação que, por seu lado, é a representação de uma função social. O Parlamento Corporativo ressurge, dentro da doutrina do corporativismo puro e integral, com a limpidez dos plenos direitos legislativos, coagindo as resoluções das corporações a ajustarem-se às leis maiores. Assim, aparentemente temos a impressão de que o papel legislativo do Parlamento Corporativo se insinua, encarregando o governo e as corporações de executarem a lei.

Nada mais enganoso. Mesmo se deixando levar pelas asserções de Manoilesco quanto ao poder parlamentar de controle do executivo, tudo cai por terra. Aquilo que ele mostra como vantagem sobre o fascismo dominador se reduz a nada. Um motivo simplório define este caso: o chefe de Estado pode ou não sancionar qualquer lei. E então tudo se transforma em pó, porque o governo e seu chefe, como executivo, originam-se do chefe de Estado, razão de toda autoridade e de toda estabilidade. E associados, governo, Parlamento Corporativo e chefe de Estado, sob a direção do último, trabalham para a edificação da unidade dos fins: a elaboração da consciência nacional. A figura do chefe de Estado apresenta-se vigorosamente, pois simboliza a autoridade e a estabilidade. Tais requisitos, ainda de acordo com Manoilesco, exigem um soberano e, em consequência, a monarquia corporativa.

Anotamos, antes, que a proposta de Estado Corporativo de Manoilesco é totalitária, de que a doutrina do corporativismo puro não passa de veículo legitimador. O quadro aperfeiçoa-se com o partido único. Era o que faltava. A incrível semelhança entre as proposições monarquistas da superioridade do soberano como chefe de Estado e as tendências de Oliveira Vianna ao estudar a política imperial e a republicana do Brasil não merece significação maior aqui. Nosso autor, embora prestigie o poder do chefe de Estado, persegue outra orientação.

Em *O idealismo da Constituição*, Oliveira Vianna revela conhecer o trabalho de Manoilesco, *O Partido Único*, e debate a validade da aplicação deste conceito no Brasil. Concorda, por um lado, que o partido único é oligarquia especial, de natureza diversa das demais, por causa de seus componentes se devotarem ao interesse do Estado. Esta elite abnegada, essencialmente servidora da nação, desconhece os desejos pessoais e é exemplo de valor moral inestimável. Tencionar torná-lo realidade no Brasil é coisa impossível. Nossas condições expulsam associação deste tipo, de acordo com as seguintes explicações: "no Brasil, não há clima para o Partido Único. É verdade, como observa Manoilesco, que o Partido Único é, antes de tudo, uma pequena minoria da população, uma elite de indivíduos votados, ou supostamente votados, de corpo e alma à causa coletiva, ao interesse da nação. No Brasil, porém, as coisas se passariam de modo diferente – e daí todo o mal" (Oliveira Vianna, 1939a, p.202, 248, 281). A adequação deste conceito às peculiaridades brasileiras é impossível, no entender de Oliveira Vianna, haja vista a experiência dos nossos partidos e a conduta dos políticos.

Todavia, no interior da Teoria do Estado preparada por Manoilesco, o partido único desempenha papel de instituição fundamental do regime, exercendo sozinho, de fato ou de direito, a liberdade de ação política no país. A introdução deste elemento transfigura em parte as pretensões iniciais do autor. As entidades fundamentais passam a constituir-se do Estado, do Partido Único e da Nação, abandonando-se ao descrédito a corporação. O partido anuncia-se, desta maneira, como intermediário entre a nação e o Estado, executando a função de equilíbrio entre ambos. E na sua cúpula aparece sobranceira sua maior originalidade: o chefe, "o grande pedagogo da nação". O chefe e o partido se complementam. Após tal evolução, resta perguntar: o que é feito do corporativismo puro? Manoilesco confessa seu destino irrealizável, diante do sucesso do corporativismo misto e do corporativismo subordinado nos países orientados para esta doutrina. E concede em tom lastimoso que "antes de a mentalidade política antiga não ser inteiramente destruída e da educação nacional no sentido do Estado ético e portador de ideais não estar concluída, é natural manter as corporações sob tutela. O tutor indicado para as corporações, como para a nação inteira, é o partido único..." (Manoilesco, 1937, p.134).

É o fim da doutrina do corporativismo puro e integral, divulgador do postulado da autonomia corporativa. Oliveira Vianna não se deixaria enganar, pois conhecia a evolução inteira do pensamento de Manoilesco. Põe de lado a essência do Estado Totalitário com todas as suas complementações, mas apropria-se do material finalmente abandonado por Manoilesco: o corporativismo. Como sublinhamos antes, este confunde Estado Corporativo com Estado Totalitário, em qualquer dos dois trabalhos estudados. Oliveira Vianna, conhecendo-os, repudia o centro da doutrina e interessa-se pelos princípios corporativistas e pelo desempenho das corporações.

Sabemos que o exame das fontes é cansativo e repetitivo, por vezes. Só o cuidado de evitar deslizes justifica exposição pesada e repleta de meandros. As interferências, que atingimos ao longo da análise, podem suscitar dúvidas. Por exemplo: se Oliveira Vianna rebate e despreza o totalitarismo de Manoilesco, por que alude ao Estado de Panunzio, que é de cunho fascista? De fato, tal autor oferece algo a Oliveira Vianna.

Partindo da necessidade de reformar o Estado ante a crise do mundo moderno, Oliveira Vianna propõe a aproximação entre a elite governante e o povo, a fim de vincular a vida política e a vida produtiva do país. Seria remodelação geral das instituições, de onde se manifestaria o que Panunzio chamou de "quarta dimensão do Estado": a ordenação econômica, um acréscimo às três outras representadas pelo povo, pelo território e pelo poder de império. Tais são os preceitos de Panunzio recomendados em *Problemas de política objetiva*, por Oliveira Vianna, ao escrever sobre os conselhos técnicos nos governos modernos, na Europa e no Brasil. Também em *Instituições políticas brasileiras*, primeiro volume, o assunto Estado-Nação, fundado na soberania popular, exige do povo determinado grau de evolução cultural e psicológica. É, de acordo com Oliveira Vianna, uma das condições decorrentes desta evolução, imprescindível à eficiência do novo estágio, é o "sentimento do Estado Nacional". Resume-se este sentimento na crença do cidadão em um destino nacional transmitido pelo mecanismo do Estado. Tal matéria é, portanto, objeto de estudo durante a análise dos pressupostos culturológicos dos regimes democráticos europeus, como ainda ao longo da exposição acerca do carisma imperial e da seleção dos "Homens de 1.000" (gênese da aristocracia nacional).

Ainda aí indica a carência de sentimento estatal entre nós, em comparação com povos historicamente consagrados, do romano até o inglês, o japonês e o norte-americano, em cujos corações palpita o ideal nacional. Oliveira Vianna dirige-se, deste modo, aos ensinamentos de Panunzio com o fito de reforçar a adesão à ética e aos projetos estatais, bastante rara na vida política brasileira. Panunzio, por seu turno, possuía suas proposições de onde nasceria o sentimento do Estado e o fascismo. A guerra ocupou a posição de síntese de tudo. Foi ela quem demonstrou a falência do Estado Liberal e, ao mesmo tempo, quem concebeu a moderna ordem jurídica interna e o renovado conceito de Estado Sindical-Corporativo.

Em síntese, para Panunzio o Estado Sindical-Corporativo é o Estado Fascista, saído do pós-guerra italiano como força espiritual derivada da fusão da vontade com o pensamento. Isto, porém, não completa a definição. O fascismo concretiza tal força num sentimento, o "sentimento do Estado", substância da unidade moral e social do povo, viva e personificada no Estado. O livro de Panunzio prega o ensino da Teoria do Direito e do Estado, conforme os procedimentos do aprendizado da religião, pois os anunciadores da nova revolução devem saber juntar a ciência e a apologia, ministrando a doutrina como princípios e esquemas lógicos e também como fé.

Ninguém se iluda com a essência do Estado Sindical-Corporativo, imaginando qualquer contribuição maior de parte dos sindicatos e das corporações. Panunzio dá esta denominação por outros motivos: "o Estado Sindical-Corporativo: *sindical*, pela 'composição dele', corporativo pela 'função' que exercita;

sindical, porque composto de sindicatos; corporativo, porque a *nova* função do Estado, além da *legislação*, da *administração* e da *jurisdição*, é a *corporação*, isto é, o 'nexo' entre as várias partes sociais; dissemos *nova* função porque, em relação e em consequência de sua nova composição e estrutura sindical, o Estado tem o novo dever de ligar e de unificar os elementos sindicais, os grupos profissionais e não só individuais de que organicamente se compõe..." (Panunzio, 1929, p.99-100). Os sindicatos entram na concepção de Panunzio como corpos componentes do Estado, enquanto as corporações expressam a função inovadora: "o nexo". O Estado Fascista ata a sociedade ao Estado, juntando unitariamente a economia e a política, esquivando-se do perigo de ser submergido pelas associações particulares e pelos sindicatos.

Quanto aos últimos, protege-os em seu seio, reconhece-os, mas designa-lhes o justo lugar de partes subordinadas ao todo. Possuindo-os e dobrando-os a seus fins, transforma o "direito sindical dos sindicalizados" em "direito sindical do Estado", também conhecido como "direito corporativo", "novíssimo" ramo do direito público, constitucional e administrativo. Tal é o ideário que nos oferece Panunzio, ao pesquisar a "história ideal e eterna do Estado, a nova forma do Estado, o Estado Sindical-Corporativo". Oliveira Vianna busca o subsídio do "sentimento do Estado" para criticar os costumes políticos brasileiros e as condições precárias do povo. Panunzio confia-nos a exata compreensão de seu conceito, explicando-nos: "sabemos que este é o ponto primordial, 'ponto firmado' e não analisável, um dado originário da consciência: sente-se o Estado, então existe o Estado; mas não se deve acreditar que o sentimento do Estado seja algo de novo e peregrino, de acessório e de acidental, mas é histórico e relativo só em suas manifestações e como apresentação, mas eterno, absoluto e necessário na sua essência espiritual e ideal..." (Panunzio, 1929, p.79). Enfim, a contribuição buscada por Oliveira Vianna concentra-se na atitude mental de comungar com os objetivos do Estado, e esta comunhão é ela mesma a comprovação da existência deste. O conceito de "sentimento do Estado" é utilizado como instrumento destinado a fortalecer no povo brasileiro o sentido da autoridade pública, que, aliás, justifica o centralismo político de Oliveira Vianna. Nada além disto, assim como repudia o totalitarismo de Manoilesco, também o faz com Panunzio.

Talvez agora seja a oportunidade de dizer que este último constrói uma Teoria do Estado simplista, e até medíocre e excessivamente apologética, se comparada com a doutrina de Manoilesco. Deste, Oliveira Vianna, repetimos, recebe os princípios corporativistas e o funcionamento das corporações. De Panunzio, retira a necessidade de projetar a autoridade estatal sobre os cidadãos, transformando-a em sentimento. Duas contribuições distintas. A identidade entre Manoilesco e Panunzio consiste na substância totalitária do Estado, que claramente é repudiada por Oliveira Vianna. Se assume o componente ideológico de um e de outro, o corporativismo e o sentimento do Estado, não se compromete com lineamentos totalitários do tipo partido único, do mesmo modo como não se empenhou com o colaboracionismo estatal de Perroux ou com o Estado fiscalizador de Pirou. Seu Estado Corporativo é de essência diferente.

A decisão de fragmentar, segundo se vê, para comentar e utilizar livremente as passagens, é o habitual em Oliveira Vianna. Teóricos de mais diversa filiação são associados, cada um servindo a um fim especial. Com conceitos de fontes distintas, em operação de entrelaçamento, Oliveira Vianna tece sua opinião própria. Tudo se dirige à meta definida. Recordemos, para encerrar, um caso mais: Harold Laski. Opondo-se frontalmente às orientações delineadas até agora, surge Laski em várias obras de Oliveira Vianna, abordado sob distintos aspectos. Em *Problemas de política objetiva*, serve para esclarecer o liberalismo das nossas elites, no tópico referente à base social dos partidos. Em *Instituições políticas brasileiras*, primeiro volume, o motivo não é outro: é utilizado ainda como informação acerca da origem do Estado-Nação, a partir da Revolução Francesa, que reconheceu o princípio da "soberania do povo" e propagou a doutrina democrático-liberal. Aqui Laski entra no estudo da evolução das estruturas do Estado no mundo europeu. No segundo volume da obra mencionada, ele é remetido, ainda como indicação bibliográfica, contra o princípio clássico da separação dos poderes. De fato, Oliveira Vianna, visando criticar o "marginalismo" no direito, de que Rui Barbosa foi exemplo típico, agride aquele postulado liberal e demonstra a necessidade de organizações administrativas com poderes administrativos, legislativos e judiciais. Outra vez em *Problemas de direito sindical*, a temática repete-se, insistindo no absurdo da prevenção liberal contra o Estado, procurando em Laski o lenitivo da atuação individualista. Debatendo problemas como a posição e o papel das confederações, Oliveira Vianna lança mão dos conhecimentos de Laski sobre o liberalismo para defender sua perspectiva.

As preocupações com este autor não se restringem à problemática da doutrina liberal ou às transformações do Estado Moderno. Ainda em *O idealismo da Constituição*, investigando as raízes do Estado Novo e a organização das suas fontes de opinião, Oliveira Vianna socorre-se do pluralismo e dos preceitos da "organização da informação", defendidos por Laski, porém com outro sentido. Reiteremos que este desenvolve o pluralismo democrático, isto é, a autonomia dos grupos locais e até mesmo a representação profissional, responsáveis por um direito costumeiro tipicamente inglês. A realidade política de Laski é a Inglaterra, onde a opinião organizada surge do intercâmbio entre os sindicatos e partidos.

Enfim, falar do pluralismo aqui, com intenção de favorecer a tese da centralização política no Brasil, é retirar-lhe o sentido real. Assim também acontece com a organização da opinião, que para Laski se realiza com partidos e não contra os partidos, como quer Oliveira Vianna. De pluralismo então a liberdade de interpretação é maior: todos os corporativistas são pluralistas e nem por isso propõem a mesma coisa, especialmente quanto ao Estado.

Dispensamo-nos, após esta explanação, de continuar os confrontos pormenorizados entre as indicações e as interpretações. Acompanhando cautelosamente o trajeto de cinco dos autores mais importantes para a configuração do Estado Corporativo e, sobretudo, já tendo conseguido vislumbrar o sentido geral da construção teórica de Oliveira Vianna, não persistiremos neste processo comparativo. Este rápido resumo demonstra o que notamos repetidamente ao longo da investigação: alarga-se a tendência fragmentadora com a finalidade de seguir-se caminho independente dos autores escolhidos, causa do descomprometimento com qualquer deles na elaboração do conceito de Estado Corporativo.

Oliveira Vianna não desmerece nenhum; pelo contrário: valoriza-os. O cultivo fugaz de algumas de suas proposições, como já afirmamos, manifesta apenas aceitação relativa, porque para ele o necessário é a montagem da concepção por meio da coleta de conceitos de origem e validade diferentes. Busca, portanto, uma posição particular.

Conclusão: a concepção realista do mundo

Como já vimos, as fontes básicas são fatores de apreciação indispensável. No caso, a atitude fragmentadora constada representa orientação geral, cuja gênese merece ter explicação. A guiarmo-nos por Goldmann, é a concepção de mundo,[2] presente nos trabalhos de Oliveira Vianna, o motivo definidor e justificativo da atitude descrita anteriormente.

Pensar na tipologia das concepções de mundo só dos autores já referidos representa tarefa árdua e interminável, que escapa

---

2 "Uma concepção de mundo é precisamente este conjunto de aspirações, de sentimentos e de ideias que reúne os membros de um grupo (ou o que é mais frequente, de uma classe social) e os opõe aos demais grupos" (Goldmann, 1968, p.29).

inteiramente às pretensões deste trabalho. Razão não nos falta, pois, para limitarmo-nos ao esboço da concepção de mundo de Oliveira Vianna, capaz de elucidar algo sobre a construção do Estado Corporativo. Encaminhemo-nos para um esquema talvez, porém útil. A análise de textos do nosso autor suscita-nos um ponto de partida: o conceito de pluralismo, e obriga-nos a lançar mão de duas outras fontes imprescindíveis à configuração de sua concepção de mundo.

O livro *Direito do trabalho e democracia social* informa-nos que a doutrina social da Igreja é a melhor, durante a discussão do papel construtivo da democracia cristã. Admitindo mesmo que caso não fosse católico, segui-la-ia, Oliveira Vianna intenta justificar a penetração desta doutrina na nova política social e em seus preceitos teóricos. A doutrina social da Igreja fornece a solução justa e equilibrada, incorporando o trabalhador à empresa "como um elemento de sua unidade jurídica". Promoveu a transformação do contrato de trabalho, substituindo seu caráter de contrato de locação pela configuração jurídica do contrato de sociedade. Concilia patrões e operários, e implanta a justiça social. O pensamento da Igreja, explícito nos documentos pontifícios, interessou-se pela "questão social" e pelas condições dos trabalhadores, obtendo ampla influência em inúmeros países. Para Oliveira Vianna, a política social da Revolução de 1930, e especialmente as leis trabalhistas, pautaram-se pelos princípios da doutrina social da Igreja, visando ao bem comum, à dignidade do trabalhador e à justiça social. A feição essencial desta doutrina nasceu, como se sabe, das encíclicas *Rerum Novarum* de Leão XIII e *Quadragésimo Ano* de Pio XI. Na primeira vamos descobrir propostas de um pluralismo, assim descrito: "Desta propensão natural, como dum único gênese, nasce, primeiro, a sociedade civil; depois, no próprio seio desta, outras sociedades que, por serem restritas e imperfeitas, não deixam de ser sociedades verdadeiras. Entre as pequenas sociedades e as grandes, há profundas diferenças, que resultam do seu fim próximo. O fim da sociedade civil abrange universalmente todos os cidadãos, pois este fim está no bem comum... (Leão XIII, 1957, p.12-13). Consiste, portanto, em propor a existência natural da sociedade civil para, em seguida, notar nela o aparecimento de outras sociedades menores com fins relativos. Dentre tais associações se encontram as corporações, nitidamente condicionadas ao estabelecimento da harmonia social.

Por mais que nos apeguemos às palavras de Oliveira Vianna, não é difícil rejeitar a hipótese de que, ainda aqui, age com independência ante este conceito de pluralismo e até mesmo de confessado catolicismo. Quanto a este, defende apenas uma situação "excepcional para a religião católica", por sua quase generalidade em nosso país, sem, contudo, afastar-se da posição de partidário de sindicatos profissionais e não confessionais. O debate em torno do problema sindical e o pensamento católico brasileiro, da obra *Problemas de direito sindical*, não deixa dúvidas. Permanecendo dentro de seus princípios, aconselha os adeptos das religiões a integrarem-se nos sindicatos e agirem por meio dele, mostrando que a religião deve participar das organizações sindicais no interesse da profissão.

Sobre o pluralismo, cremos na preponderância dos conceitos desenvolvidos pelos teóricos norte-americanos do direito, tais como Pound, Cardozo, Holmes e notadamente Louis D. Brandeis. O último parece dar a maior contribuição. Partindo do pragmatismo de Pound e admitindo a flutuação dos interesses segundo o momento, Oliveira Vianna assume o preceito da justiça sem lei, ou seja, de que a justiça pode ser ministrada de acordo com a vontade ou a intuição de um indivíduo, que decide sem estar submetido a quaisquer regras gerais e fixas. Trata-se, portanto, do que Pound denomina justiça executiva, nascida das atividades dos órgãos administrativos. Com tal doutrina, Oliveira Vianna reage às críticas de Waldemar Ferreira ao Projeto de Lei Orgânica da Justiça do Trabalho. Atuando a partir daí, ele adere à Escola Sociológica do Direito dos Estados Unidos.

Harmoniza-se com as preocupações de Cardozo quanto à necessidade de o julgador atentar à realidade social, abandonando, se necessário, a procedência da lei para valorizar o sentimento de justiça ou o bem-estar social. Holmes trilha iguais pontos de vista, com poucas alterações. A Escola Sociológica do Direito expressa-se radicalmente por meio do Realismo Jurídico Norte-Americano, cuja tendência central se caracteriza pelo menosprezo da norma, reduzindo o direito a um conjunto de fatos. Os fatos pesam e determinam as decisões. O direito surge do fato e não da norma: aqui se localiza Brandeis. Privilegia especialmente os conhecimentos sociológicos e econômicos na formação do jurista, atuando sempre com o fim de separar *interpretação* de *aplicação da lei*. Haja vista o destaque atribuído a esta última por Brandeis, porque "na maioria das questões estabelecer a regra aplicável é mais importante do que estabelecê-la acertadamente", como diz no debate do caso *Burnet v. Coronado Oil and Gas Co.*

As referências à Escola Sociológica do Direito são abundantes na obra de Oliveira Vianna, normalmente endereçadas a Brandeis. Ele comenta que a cultura jurídica brasileira desconhece as novas fontes do direito apresentadas pelos norte-americanos, estabelece a primazia da interpretação realista em questões de trabalho e reiteradamente demonstra que a sociedade é a fonte principal da lei. Anota as convicções de Pound acerca do solidarismo do Estado Moderno e volta-se para Brandeis consagrando-lhe o "individualismo grupalista", as relações entre solidarismo e corporativismo e, por fim, o intervencionismo estatal pregado por ele.

A concepção de sindicato para Brandeis representa democracias em miniatura, em que a organização sindical retrata verdadeiro centro de debates sobre temas de interesse profissional. Sobre todas estas ideias paira, no entanto, a concepção de "individualismo grupalista". A liberdade individual somente se manterá se o Estado intervier como equilíbrio entre o indivíduo e as grandes entidades capitalistas. Mas, para isto, o indivíduo deve ainda ingressar no seu grupo profissional, notando-se aí a inclinação de Brandeis para o sindicato e para a corporação, como instrumentos capazes de assegurar, ao mesmo tempo, a liberdade individual e a liberdade econômica. Sublinhamos neste ponto o individualismo de Brandeis, de essência diversa, como explica Oliveira Vianna: "O individualismo de Brandeis é de outro tipo, é o que poderíamos chamar de individualismo *grupalista* ou *corporativo*. Este é que é, para mim, o traço original de sua concepção social e política. Para Brandeis, com efeito, é no *grupo* que o *indivíduo* pode realizar-se na sua plenitude" (Oliveira Vianna, 1952b, p.161).

Estamos longe, é certo, do pluralismo católico. Em Oliveira Vianna a observação detida nos conduz ao sentido jurídico de pluralismo: a ascenção do grupo como sujeito de direitos e com a faculdade de agir daí decorrente. Em que pese a duvidosa aceitação deste "individualismo grupalista" de Brandeis, pois Oliveira Vianna no conjunto de seus trabalhos deplora a influência individualista, contatamos o reiterado elogio de suas qualidades. O formalismo do pluralismo católico evolui, em nosso autor, para expressão mais definida: o pluralismo jurídico da Escola Sociológica do Direito. Mesmo se dando relevância aos aspectos de composição do grupo, o interesse dirige-se à garantia da liberdade individual e da liberdade econômica, conforme Brandeis. Tal garantia se resolve pela concessão de direitos ao grupo, consolidando-o formalmente como sujeito jurídico capaz de agir. Não era distinta a intenção católica. Conclui-se em seguida que o pluralismo de Oliveira Vianna decorre da tradição formal, na qual as associações, antes de se materializarem, existem na abstração da forma. Ou melhor: configuram-se como sujeitos de direitos para favorecer determinada utilização política, embora não se esteja esquecendo do realismo pregado por Oliveira Vianna.

Este realismo é essencialmente abstrato. Insistamos em examinar tal contrassenso. Tomemos, para efeito de análise, obras de Oliveira Vianna de maior divulgação. Desde *Populações meridionais do Brasil* (primeiro volume), *Evolução do povo brasileiro*,

Pequenos estudos de psicologia social, O idealismo da Constituição, até trabalhos como *Problemas de organização e problemas de direção*, deparamo-nos com o postulado de que a objetividade e a imparcialidade são imprescindíveis ao exame da realidade brasileira. Registremos certas proposições aí existentes. Oliveira Vianna encontra "grandes povos objetivos" e "povos idealistas", e declara não buscar leis gerais, mas só o nosso povo, a fim de encontrar-lhe a gênese e as leis de sua evolução. Aconselha não seguirmos traços gerais de outras nações, dispensando as peculiaridades nacionais, e diz-nos repetidamente que sua análise é objetiva, tanto quanto eram objetivos os estadistas coloniais e imperiais. Perante qualquer doutrina, a "melhor atitude deve ser uma atitude pragmatista". Sobre a democracia, há inúmeras observações. Para Oliveira Vianna, a discussão da democracia no Brasil tem sido malcolocada, porque imitamos a "maneira inglesa, a maneira francesa, a maneira americana", mas não "a maneira brasileira". As orientações continuam: devemos evitar o "esquema utópico", mostrando que a "nossa política econômica tem que se conciliar com os imperativos da nossa política demográfica". Devemos adaptar-nos ao meio, completando: "sem sacrifício, está claro, da nossa independência e das peculiaridades da nossa personalidade nacional" (Oliveira Vianna, 1938b, p.XXIX-XXXI; 1938a, p.43--44, 57-58, 222-223, 255-256, 270-271, 307, 308; 1923, p.92-93; 1939a, p.XIV; 1952b, p.10, 99, 169).

Tal ideário define a posição nacionalista de Oliveira Vianna, no sentido de voltar-se à nossa realidade e de estudá-la como fenômeno principal.

No entanto, verifiquemos o processo de enfoque das condições brasileiras. As teorias externas parecem preceder o exame do objeto, como notaremos a seguir. Estabelecem-se várias comparações. Oliveira Vianna confronta o povo brasileiro com "os grandes povos", dizendo-nos que a centralização é também solução americana. De novo o tema é a democracia. Pondo lado a lado a democracia anglo-americana e a brasileira, constata a falta de educação política entre nós. Depois de comparar os nossos partidos e os das "grandes nações", o nacionalismo brasileiro e os outros nacionalismos, a falta de solidariedade aqui e a solidariedade inglesa, Oliveira Vianna declara que a tendência mundial é substituir o Parlamento pelas corporações, como a sugerir-nos a adesão a ela.

Voltando à carga, mostra-nos que a Inglaterra possui um regime de opinião e que existe a superioridade inglesa porque o povo tem "ideias assentadas", "convicções firmes". Estende as mesmas notas aos norte-americanos. Os cotejos desviam-se depois à delegação dos poderes legislativos à administração, também inclinação verificada nos Estados Unidos e na Inglaterra. O discurso inteiro insere-se no curso de debates em torno da estimulação de situações e de evoluções semelhantes no Brasil, procurando adaptá-las à nossa realidade. A demonstração da necessidade de edificar aqui corporações com poder normativo obriga Oliveira Vianna a dizer que, entre os norte-americanos, as "comissões industriais" são corporações desta natureza. Defendendo o ajustamento de instituições estrangeiras às peculiaridades nacionais, é levado a solicitar também a adequação das elaborações fascistas à realidade brasileira. Ele mesmo afirma a identidade entre a nossa nova política social e as demais políticas sociais de outros países (Oliveira Vianna, 1938b, p.XXVIII, XXXII, XXXIII, 408; 1923, p.62, 73-74; 1939a, p.182-183, 229, 240, 351; 1947, p.153-154; 1943, p.166; 1951, p.54).

A *concepção realista do mundo* projetada por Oliveira Vianna representa, sem dúvida, a operação de "aculturação" de doutrinas externas. Reproduz o mesmo mecanismo de transposição do liberalismo europeu ao Brasil, com outra solução: desempenha o papel de crítica conservadora. Trata-se, pois, de repetir o que condenou, com a diferença de que, ao repudiar o pensamento liberal, construiu uma abordagem típica de conservadorismo. Da análise das condições brasileiras desponta uma concepção realista do mundo onde a realidade é o ponto de chegada, e não o de partida.

É um realismo às avessas, fundamentalmente abstrato porque gerado de retalhos de estranhas teorias assimiladas, que vão em direção à sua visão da realidade nacional, e não o contrário. A concepção do mundo, em Oliveira Vianna, é construção ideal: realista simplesmente porque, da abstração, acaba regressando à realidade e não porque nasça e morra nela. Há, assim, estreita coerência tanto no seu conceito de pluralidade como no de realismo. A coerência só desaparece na concepção de mundo: uma contradição em si mesma, já que representa a atitude realista que não parte da realidade.

Longe de pensarmos em fazer de Oliveira Vianna o responsável exclusivo pela inversão. A disparidade entre sociedade brasileira e ideário estrangeiro, especialmente europeu e norte-americano, tem sido demonstrada abundantemente para determo-nos nela, em trabalho monográfico. As desproporções e o impróprio singularizam a circulação de ideias no Brasil. No caso de Oliveira Vianna falamos de atitude fragmentadora para explicar, ao longo de nossa pesquisa, o descompasso entre o ideário de que se serve e a situação brasileira, forçando-o a aceitar isto e a rejeitar aquilo. Propondo-se a desenvolver um trabalho científico sobre o Brasil, subordinado ao estrito realismo ou à máxima objetividade, ele recolhe um pouco de cada fonte selecionada e ajusta-o à nossa realidade. Em última análise ele reproduz a ambiguidade tão comum nos intelectuais brasileiros de sua época. Sua concepção do mundo apresenta-se *truncada*, denunciando abertamente o ecletismo por meio das rupturas, inconsistências e habitual fusão de acessórios. Oliveira Vianna trilha este caminho em sua elaboração do Estado Corporativo.

O estudo das fontes permitiu-nos a descoberta da atitude fragmentadora como orientação geral, e a pesquisa de sua gênese resultou na constatação da concepção do mundo, de natureza abstrata e eclética. Tal concepção explica o processo de construção do Estado Corporativo de Oliveira Vianna. Sua idealização da realidade autoriza a solução do grande problema teórico do nosso autor: a união do país real com o país legal. A identidade entre ambos surge da atividade das corporações. No nível desta concepção, as organizações corporativas funcionam como mediadoras entre os dois países, sob a égide de um Estado sem partido único e sem ideologia organizada, que substitui o princípio da liberdade pelo princípio da autoridade. Tal é o Estado Corporativo de Oliveira Vianna, sob forma de Estado Autoritário.

Essas indicações sobre o significado das corporações e do Estado Corporativo serão ampliadas mais adiante. A perspectiva fornecida pelo *ecletismo* de Oliveira Vianna convida-nos a investigar mais profundamente seus motivos, em especial o momento brasileiro.

Retiramos, a partir daqui, a *conclusão do capítulo*. A primeira impressão de quem analisa as relações entre Oliveira Vianna e Manoilesco logo se desfaz, porque deste último ele só assume o corporativismo, recusando explicitamente a essência do Estado proposta, isto é, os fundamentos da sua construção teórica. Como em Manoilesco, rejeita também em Panunzio a identidade entre o Estado Corporativo e o Estado Totalitário, embora assimile a proposta de levar o "sentimento do Estado" ao povo brasileiro, a projeção da autoridade estatal sobre os cidadãos. Perroux oferece-lhe a consagração dos direitos da corporação, e Pirou, de seu lado, fornece-lhe as inovações da convenção coletiva e do poder fiscalizador do Estado. Mas, como foi exposto, nem o caráter de Estado colaboracionista de Perroux nem o de fiscalizador de Pirou tiveram qualquer interesse para Oliveira Vianna. Excluindo as citações bibliográficas de Laski, sobre a doutrina liberal e as transformações do Estado Moderno, demonstramos as mutações operadas no sentido do pluralismo democrático, bem como no conceito de "organização de informação".

Dispensamo-nos, em seguida, de outros confrontos, pois já se caracterizara a atitude fragmentadora de Oliveira Vianna, na construção de seu Estado Corporativo. Segundo entendemos, a análise das fontes principais, apesar dos resultados satisfatórios, foi completada por um esboço da concepção do mundo. Partindo do estudo do pluralismo no texto de nosso autor, chegamos à sua concepção realista do mundo. Combinando-se com um pluralismo meramente formal, a concepção do mundo mostrou-se uma visão eclética, em que a realidade, sendo idealizada, se reduzia a simples ponto de chegada. O ecletismo explicou assim a atitude fragmentadora, e o idealismo permitiu a resolução da questão teórica fundamental de Oliveira Vianna: a fusão do *país real* com o *país legal*, cuja separação era sempre criticada ao referir-se ao liberalismo.

Estava concluído o quadro: as corporações representam o papel de medição entre os dois países, sob a direção de um Estado forte, que submete a liberdade ao princípio da autoridade. Tal Estado Corporativo, sem qualquer tipo de partido, mesmo único, e, sem ideologia organizada, é um Estado Autoritário, propício ao Brasil.

Alcançada esta fase do trabalho e definidos os lineamentos da concepção de mundo e a natureza do Estado Corporativo, expostos nas obras de Oliveira Vianna, passamos para a etapa seguinte. Nesta, a mesma concepção de mundo e o mesmo Estado Corporativo serão investigados diante das tendências da cultura brasileira da época, para estabelecer o seu grau de adequação a elas.

3
A situação

A presença das condições brasileiras

No primeiro momento da pesquisa, vimos Oliveira Vianna afastar-se das diversas posições citadas como fontes de sua concepção de Estado Corporativo. Ele não chegou a aderir integralmente a qualquer um dos pontos de vista mencionados. Por ocasião do exame dos autores já referidos, observamos que, ao contrário, sempre resvalou para o ecletismo, fracionando a totalidade das teorias para retirar-lhes o que bem lhe servia.

Ainda quanto às fontes, deixamos para agora a análise da contribuição de Alberto Torres à construção do Estado Corporativo de Oliveira Vianna. Será por meio desta análise que tentaremos ingressar na investigação das relações entre a concepção de mundo proposta por Oliveira Vianna e as tendências da cultura brasileira da época. Desta maneira, poderemos dirigir-nos para as condições gerais que regeram o cultivo da Teoria do Estado no Brasil, durante o período da produção teórica do nosso autor.

Alberto Torres e Oliveira Vianna: nacionalismo, autoritarismo e corporativismo

Os vínculos entre Alberto Torres e Oliveira Vianna são bastante discutíveis, se considerarmos as várias interpretações apresentadas sobre o assunto. Excluindo a certeza de que Oliveira Vianna participou mesmo do grupo de Alberto Torres, o resto tem sido questionado. De um lado, João Batista de Vasconcelos Torres, baseado no que diz Nelson Werneck Sodré, afirma que Oliveira Vianna procurou sempre externar as concordâncias com Alberto Torres, por razões de delicadeza e generosidade, calando-se quanto às discordâncias (Torres, 1956, p.44-45). Por outro lado, Barbosa Lima Sobrinho retira qualquer validade de tais afirmações, que reduzem Oliveira Vianna a uma situação de mero louvador de Alberto Torres com o objetivo de respeitar suscetibilidades. Segundo ele, os maiores elogios de Oliveira Vianna a Alberto Torres ocorreram depois de sua morte. Barbosa Lima Sobrinho (1968, p.463-468) não se contenta em propor a influência de Torres sobre Oliveira Vianna; vai mais além, e entende existir algo mais que a "aproximação de ideias, de métodos e de preocupações doutrinárias". Para ele, a "presença de Alberto Torres é a presença dominante na obra de Oliveira Vianna".

Nos escritos de Oliveira Vianna se denuncia claramente a participação efetiva do ideário de Alberto Torres, reduzindo-se toda esta polêmica a um mal-entendido. As identidades entre um e outro, como muito bem demonstra Barbosa Lima Sobrinho, concentram-se em torno de questões fundamentais, como a ideologia nacionalista e os principais aspectos do reformismo político. Tanto Alberto Torres como Oliveira Vianna defendem um Poder Coordenador e a necessidade da hierarquia, criticando ambos o estadualismo, a falta de unidade, a teorização política e o caudilhismo. Naturalmente, divergências são observadas, mas sempre de caráter acidental. Oliveira Vianna apresenta suas proposições com maior radicalismo e veemência, em decorrência mesmo de seu estilo. "O autor das *Populações meridionais* – anota Barbosa Lima Sobrinho – não aceitava a intangibilidade da Constituição de 1891 e se incorporava, de coração, à campanha revisionista de Alberto Torres. Mas exagerava no desapreço pelos 'republicanos históricos', que ele nos descrevia com alguns traços de caricatura, enquanto Alberto Torres não perdia a serenidade e, mesmo discordando do texto da Carta, continuava a fazer justiça a companheiros, que, como ele, haviam formado seu espírito em outra época e em face de outras realidades ou sob a pressão de outra conjuntura". Ainda dentro da perspectiva de Barbosa Lima Sobrinho, sublinhando as divergências entre ambos, lembremos que Alberto Torres criticava a ortodoxia democrática e a eficácia do sufrágio universal, mas sem condená-los absolutamente. Procurava harmonizar o sufrágio universal com a utilização do corporativismo, enquanto Oliveira Vianna, entusiasmado com as possibilidades deste, chega a estranhar que Torres ainda viesse a colocar o sufrágio universal no seu projeto de Constituição.

Portanto, independentemente das referências explícitas em *Problemas de política objetiva* e no segundo volume de *Instituições políticas brasileiras*, parece certa a presença viva do pensamento de Alberto Torres em toda a problemática de Oliveira Vianna, mesmo quando não é mencionado diretamente. Como ponto de referência, porém, temos estes dois textos, de onde partimos para delinear a contribuição de Alberto Torres na elaboração do Estado Corporativo de Oliveira Vianna.

Tomando a primeira obra, *Problemas de política objetiva*, produzida nos anos anteriores a 1930, constataremos rapidamente que seu interesse se localiza em determinados temas, que são os seguintes: a objetividade metodológica, a consolidação da nacionalidade, a adaptação ao meio, a igualdade das raças, a independência perante as escolas, o pensamento revisionista, o poder coordenador, as funções deste poder, a tradição do quarto poder, a ação estatal, o corporativismo e a crítica à liberal-democracia.

Não é difícil verificar que a preocupação de Oliveira Vianna encaminha-se, neste caso, especialmente para as questões políticas. Partindo do pensamento revisionista de Alberto Torres, expõe aquelas ideias que lhe pertencem também. As sugestões de sua fonte servem de início para apontar a falta de capacidade de direção política do povo brasileiro. Ressalta que, segundo Alberto Torres, "o Brasil precisa realizar desde já, por uma série de razões poderosas e urgentes, uma alta política de caráter profundamente orgânico e natural", concluindo que esta "política, porém, só pode ser feita por iniciativa do Estado" (Oliveira Vianna, 1947, p.62-63). Para levar adiante sua tarefa, o Estado deveria ser reorganizado por meio de uma reforma. Assim, a Constituição de 1891 passaria por alterações, principalmente nos seguintes pontos: a ampliação para oito anos (Oliveira Vianna propõe dez anos) do mandato do Presidente da República, a eleição deste por um corpo selecionado de eleitores, o Senado eleito por critério corporativo ou de classe e a inclusão do Poder Coordenador.

O programa de Alberto Torres, acerca da nacionalidade, preocupa-se com a salvaguarda da unidade nacional, prejudicada pela Constituição da República Velha. No entanto, a consolidação da nacionalidade exige "uma política de coordenação, de construção, de consolidação interna", que se situa no centro das proposições político-sociais de Torres. Junto destas considerações põe-se a obrigação de reorganizar-se o Estado brasileiro da época. Tanto a preservação da nacionalidade quanto a sugestão da reforma constitucional são itens de extremo interesse para Oliveira Vianna. Mas a integração dos pontos de vista de ambos atinge seu nível mais significativo no desenvolvimento da revisão da Constituição.

Sem dúvida, Alberto Torres não é um crente da liberal-democracia, sendo real que "ele – como afirma Oliveira Vianna – atribui aos chefes do governo e às forças dirigentes concentradas no poder uma autonomia de ação que não seria compreensível num regime puramente democrático, em que governa, ou deve governar, a Opinião" (Oliveira Vianna, 1947, p.64). Como já dissemos, o sufrágio universal é conservado por Alberto Torres, embora o combine com o voto corporativo. Assumindo as mesmas posições, Oliveira Vianna radicaliza as observações de Torres, debatendo com ele e impingindo-lhe uma situação muito mais contrária à liberal-democracia do que parece ter defendido na realidade. Depois de criticá-lo por ter colocado o sufrágio universal em seu projeto de revisão constitucional, Oliveira Vianna interpreta-o como "um meio de revelação do sentimento popular; nunca, porém, um meio de direção governamental, um mandato imperativo ao seu representante no poder". E isto, por motivos claros, pois "a reverência à democracia não está nas preocupações de nosso grande pensador – como não pode estar no espírito de qualquer homem com dois dedos de senso comum" (Oliveira Vianna, 1947, p.64, 66).

Uma interpretação apressada destes textos de Oliveira Vianna sobre Alberto Torres certamente levará a um grande engano. Crítico do liberalismo e dos governos fracos, defensor do Estado intervencionista e dos governos fortes, Alberto Torres condenava a coletivização, com a supressão do indivíduo no nível econômico e no nível político. Em outras palavras, Torres não somente enunciou os direitos e as liberdades individuais, como ainda buscou um instrumento para efetivá-los, dando direitos iguais aos indivíduos e ao Estado. Tanto se preocupou com o resguardo dos direitos individuais que incluiu no seu projeto de Constituição o "mandato de garantia". Com isto se torna bastante clara a intenção de Oliveira Vianna: de novo interpreta de acordo com seus objetivos. Ajuntemos ainda a observação de que, no caso de Alberto Torres, se trata de uma fonte pura, que não precisa ser mutilada e sim radicalizada em determinados aspectos.

Recorrendo a Alberto Torres, Oliveira Vianna não atentou para o fato de que ele não sacrificava os direitos individuais, favorecendo um Estado onipotente. Lembrou-se apenas de passagens como esta, contida em *O problema nacional brasileiro*: "O papel dos governos contemporâneos consiste em defender os indivíduos contra os abusos do individualismo, a sociedade, contra seus déspotas espontâneos: em fazer o polícia da vida nacional e econômica contra os privilégios, os açambarcamentos dos reis das soberanias argentárias". Oliveira Vianna interessou-se igualmente por trechos de *A organização nacional*, do tipo do seguinte: a atuação do Estado alastra-se "ainda hoje, dentro dos próprios limites da autoridade legal, em países juridicamente organizados, sobre todos os direitos, todos os interesses e todas as modalidades da existência. O Estado conserva o direito à vida e ao sangue: impõe restrições consideráveis à liberdade, à segurança, à propriedade: pelo poder tributário, pela ação repressiva, com o direito de definir e decretar penas e delitos; com a lei civil, limitando, ampliando e regulando institutos, definindo as instituições da família e da sucessão, regulando o regime das associações" (Lima Sobrinho, 1968, p.376-377).

Precisamos lançar mão do segundo volume de *Instituições políticas brasileiras* (Oliveira Vianna, 1949, p.82, 85-89, 91-92, 96, 102), a fim de obter uma dimensão mais completa de seus interesses por Alberto Torres. Nesta obra, a atenção centraliza-se em outros traços deste autor: a objetividade, o nacionalismo e sua formação. Notamos o propósito de Oliveira Vianna de separar-se dele, mostrando posições distintas, devidas a influências, pontos de vista e metodologia diferentes. Oliveira Vianna concorda que ele e Torres inovaram nos estudos da realidade brasileira, ao considerarem os problemas políticos e constitucionais do Brasil como questões objetivas, sobretudo de caráter cultural. Ainda segundo sua opinião, Alberto Torres não chegou a liberar-se da influência da sociologia europeia, que confunde filosofia social com ciência social. Por isto mesmo, Torres apresentou antes uma postura de pensador que de sociólogo, entendendo o Brasil "como uma totalidade", quando na verdade a "uniformidade" não existe.

Apesar do grande passo dado por Alberto Torres, ao abordar objetivamente os problemas nacionais, Oliveira Vianna discordava dele quanto à "técnica" utilizada em suas análises. Torres, agindo como um pensador e não como um pesquisador, "partia do geral para o particular, das sociedades humanas para a sociedade brasileira", enquanto ele, Oliveira Vianna, usava o caminho inverso, consagrando o "fato". Embora ambos estivessem interessados em manter a objetividade em seus estudos, isto não impediu, conforme aponta Oliveira Vianna, que se manifestassem discordâncias inevitáveis decorrentes principalmente da "divergência das crenças filosóficas". E aqui Oliveira Vianna parece declarar sua filiação ao projeto inicial de Alberto Torres, mesmo se levando em conta a referência de que a "compreensão objetiva e científica" dos problemas brasileiros lhe foi dada por Sílvio Romero e não por Torres. Aderindo aos pontos essenciais do programa deste, pinta-os de acordo com seus objetivos, notando que "Torres, no fundo, era um filho espiritual da Revolução Francesa e mantinha a crença dos enciclopedistas na 'bondade natural' do homem; ao passo que eu sempre considerei esta bondade como um dom excepcional como o talento e a beleza física". Oliveira Vianna expõe claramente sua adesão às questões políticas brasileiras sugeridas por Alberto Torres, salientando ao mesmo tempo desacordos originários de sua maneira peculiar de entendê-las. Os problemas são quase os mesmos, com diferenças decorrentes principalmente da maior centralização do poder exigida por Oliveira Vianna. "Daí, escreve este, – nos regimes constitucionais que ambos idealizamos para o Brasil – a minha preocupação dos controles e a minha desconfiança do egoísmo dos homens, preocupação que não era tão dominante no espírito de Torres. Daí as minhas divergências com ele, divergências que nunca vieram a público e que, entretanto, davam uma extrema vivacidade às nossas palestras de intimidade."

A trajetória do pensamento de Oliveira Vianna encontra seu ponto de partida, sem dúvida alguma, nas análises de Alberto Torres, cuja problemática está sempre presente, mesmo quando reinterpretada por aquele. Torres mostrou que as questões políticas, constitucionais, sociais, educacionais e econômicas precisavam ser investigadas levando-se em conta a nação. A nação tem direito à unidade e este direito prevalece sobre as reivindicações de autonomia dos estados. Tal princípio dá o sentido nacionalista da obra de Alberto Torres e restaura "a consciência da nacionalidade" e "o sentimento dominante da pátria comum". Notemos, assim, a estreita vinculação de Oliveira Vianna a este preceito nacionalista, cuja essência reflete a necessidade de revitalizar a unidade nacional, através do papel do Estado.

Colocado aqui como fonte da concepção de Estado Corporativo de Oliveira Vianna, Alberto Torres funciona mais como um teorizador e divulgador do Estado forte e intervencionista do que como um defensor do corporativismo. Este, no conjunto das meditações de Torres, significa apenas um elemento a mais para justificar a rejeição da liberal-democracia. A exigência de buscar um novo instrumento capaz de substituir em parte o sufrágio universal levou-o a admitir o critério corporativo ou de classe para a composição do Senado, em seu projeto de Constituição. Outra medida incluída neste projeto foi o colégio eleitoral especial destinado a escolher os ocupantes da presidência e da vice-presidência da República, também contendo membros de corporações e de classes, diluídos num corpo múltiplo de eleitores.

A significação, portanto, da ideia corporativa no pensamento de Alberto Torres é pequena, não passando de simples sugestão diante do descalabro atingido pelo uso do voto na Primeira República. Fazia-se necessário enterrar a liberal-democracia e a solução corporativa constituía um fator a mais para isto, podendo ser ainda uma alternativa satisfatória para o problema da representação. O que assume importância na totalidade da obra de Alberto Torres é a intranquilidade nacional resultante da inexistência total de direção, pois a soberania política da nação representa somente o caráter formal de sua "soberania orgânica". Em outras palavras, quer dizer que a soberania política se sustenta no "conjunto das condições da personalidade coletiva de uma sociedade livre, vivendo sobre um território". E acrescenta Alberto Torres: "Uma das necessidades imperiosas deste trabalho orgânico é a concentração, dentro da nação, dos instrumentos vitais da sua economia" (Torres, 1916).

Define-se dessa maneira a preocupação de Alberto Torres com a defesa da nacionalidade, transformando o nacionalismo num movimento destinado a promover a "restauração conservadora e reorganizadora" do país. Para ele, esta ação deveria voltar-se para a organização do trabalho e da opinião, estimulando o produtor e o capital nacional e reformulando a política fiscal. Em suma, Torres indica o rumo para a reorganização nacional e as metas para o estabelecimento da direção política. Em torno disto se desenvolvem suas reflexões.

Fixada a pouca importância do ideário corporativista nas diretrizes teóricas de Alberto Torres, fica-nos a indagação relativa à sua influência sobre a concepção de Estado Corporativo de Oliveira Vianna. A esta altura, parece não haver dúvida de que a fundamentação principal do corporativismo existente na obra deste não emana dos trabalhos de Torres, extremamente pobres a respeito. Quando muito Alberto Torres seria somente uma indicação ou uma referência deste tipo de resolução dos problemas nacionais, pois a massa de recursos teóricos sobre o tema é extraída, como vimos, de autores estrangeiros de tendência variada. A sua presença na obra de Oliveira Vianna é um fato, chegando a constituir uma orientação constante, como foi, aliás, para grande número de publicistas brasileiros. A própria preocupação com a organização e direção do país decorre, para Oliveira Vianna, das leituras de Torres, o mais significativo expositor destas proposições nas primeiras décadas deste século no Brasil.

O pensamento revisionista de Alberto Torres fornece notáveis elementos para a configuração do Estado Autoritário, mas é ínfima a participação do componente corporativo em sua montagem. Dos teóricos políticos brasileiros da época, Torres é o que mais aparece nos trabalhos de Oliveira Vianna, que o considera o único pensador nacional. No entanto, somente pode ser fonte enquanto defensor da organização do país sob a direção de um governo forte. Quanto à sua contribuição em termos de corporativismo, fica reduzido a umas poucas e esparsas ideias. Embora isto tudo seja certo, a referência a Alberto Torres neste trabalho sobre a concepção de Estado Corporativo justifica-se plenamente, em virtude de definir uma característica mais ou menos constante também em outros estudiosos da nossa política. Esta característica se resume no seguinte: os estudiosos da realidade brasileira, desde que integrados na tradição nacionalista vigente no período da produção intelectual de Oliveira Vianna, demonstram sempre a necessidade de edificar-se um governo forte num país organizado e, para isto, valem-se de conceitos pertencentes à doutrina corporativa. Tais conceitos, porém, são utilizados sem qualquer articulação. Servem unicamente de soluções rápidas para o momento brasileiro. Salvo Oliveira Vianna, que frequenta alguns teóricos corporativistas de importância, tornou-se comum a referência a elementos da doutrina corporativa, aplicados sem qualquer sistematização. É o que veremos na continuação desta análise.

Azevedo Amaral e Cândido Motta Filho: nacionalismo, autoritarismo e corporativismo

Tomemos dois outros autores brasileiros, Azevedo Amaral e Cândido Motta Filho, que com certeza não são fontes da concepção de Estado Corporativo de Oliveira Vianna. Sem desejar empreender a pesquisa de todas as obras destes autores, interessamo-nos antes pela constatação daquela tendência, isto é, a defesa permanente do governo forte e da reorganização nacional combinada com a utilização simplista da doutrina corporativa, entre autores filiados à tradição nacionalista durante o período de elaboração teórica de Oliveira Vianna. Saímos, pois, do exame das fontes diretas da concepção do Estado Corporativo, para investigar os conceitos dominantes no ambiente em que ele vivia e pensava, quanto a esta matéria.

Como já assinalamos, Azevedo Amaral não é fonte do Estado Corporativo de Oliveira Vianna. Existem duas menções a ele na obra de Oliveira Vianna, ambas contidas em *O idealismo da Constituição* (Oliveira Vianna, 1939a, p.125, 343). Na primeira delas, Amaral aparece como um dos autores indicados para o conhecimento "mais preciso" dos antecedentes do Estado Novo, destacando-se a sua obra *O Estado Autoritário e a realidade nacional*. A segunda referência, em tom de crítica, inclui Azevedo Amaral entre os modernistas que desejavam "romper com o passado". Em nenhum dos casos, como se vê, existe relação com problemas de Teoria do Estado.

Azevedo Amaral, porém, como importante estudioso e contemporâneo de Oliveira Vianna, desenvolveu intensa atividade intelectual visando interpretar as transformações da realidade brasileira. Estiveram sempre presentes diante dele as questões político-sociais. Considerando alguns momentos diferentes de sua análise, vejamos, dentre outros assuntos, a posição que diz respeito ao Estado e ao corporativismo. Em *O Brasil na crise atual* (Amaral, 1934, p.7-8, 36-37, 157-158, 160-161, 163, 179-180), publicado em 1934, Azevedo Amaral, buscando fazer um exame objetivo da realidade, trilha determinados caminhos já conhecidos pelos leitores de Oliveira Vianna. Fala da falta de sincronia entre o "progresso brasileiro" e a "evolução do mundo civilizado", condenando os imitadores de doutrinas estrangeiras e demonstrando que, com um sistema representativo dependente do sufrágio, como é praticado em outros países, nunca conseguiríamos a representação da vontade coletiva. E como se a representação de classe fosse uma criação nacional, ele a propõe. "A representação de classes – escreve Azevedo Amaral – ou que outro nome tenha e contra a qual se insurgem hoje os que a julgam demasiadamente complexa e adiantada para o nosso estado atual, foi e continua a ser o único processo de relativa eficácia para o estabelecimento de um sistema representativo verídico entre nós."

A problemática continua se repetindo de modo bem semelhante às colocações de Oliveira Vianna. Por exemplo: a decadência das instituições monárquicas e republicanas se deve à desarmonia entre organização política fictícia e realidade social, porque os nossos intelectuais criaram para si um mundo irreal e vivem nele. E ainda: não formamos uma verdadeira nacionalidade, pois desde a Independência passamos por uma reação antinacionalista de imitação de doutrinas estranhas. Tendo personalidade própria durante o Período Colonial, o Brasil se coloniza espiritualmente a partir do Império, e acaba por realizar a imitação democrática durante a República Velha. Do mesmo modo como os republicanos desvirtuaram o sentimento nacionalista, os revolucionários de 1930 comprometiam a Revolução com tendências comunistas ou fascistas.

Em *Renovação nacional* (Amaral, 1936, p.19-20, 29, 33, 36, 39--42, 44, 76-77), de 1936, Azevedo Amaral concentra-se na investigação das consequências da Revolução de 1930, apontando seus aspectos positivos à vida brasileira. A implantação da "ditadura civil", com a entrega do "poder discricionário" a um representante dos civis, significa para ele "um fato novo e acentuadamente típico" do caráter nacional do movimento. Aceitando a necessidade do personalismo na atuação política, Azevedo Amaral admite também a ditadura como um instrumento eficiente para a superação das distorções institucionais. "Assim – observa ele –, o antigo conceito da ditadura transforma-se em uma noção por assim dizer de harmonia preestabelecida entre certos grupos e a orientação ideológica por eles adotada e as personalidades que melhor representam e podem converter aquela orientação em atividade dinâmica realizadora". As concretizações decorrentes da Revolução de 1930, segundo ele, são realmente significativas, consistindo numa "considerável avançada no sentido da aproximação de uma democracia organizada em harmonia com as configurações da realidade brasileira".

Esse saldo positivo da ação revolucionária derivou principalmente do comando de Getulio Vargas, que soube combinar "grandes transformações" com o "curso natural do nosso desenvolvimento histórico". A estas reformas, o poder discricionário somou outras realizações bem-sucedidas, como a criação de um ambiente de harmonia. De fato, Azevedo Amaral entende que passou a existir uma colaboração efetiva entre a administração pública e as "forças culturais, econômicas e sociais, que em diversos setores representam expressões particulares e especializada da opinião nacional". Um dos fatores responsáveis por tal clima de concórdia é a participação regular das forças econômicas na direção da política brasileira. Os trabalhos de preparação da Constituinte, em 1933, destacaram-se não somente pela fiscalização do processo eleitoral ter sido entregue ao Poder Judiciário, mas também pela introdução da representação das classes sindicalmente organizadas no corpo nacional de representantes.

A partir daqui, Azevedo Amaral agita em várias oportunidades a ideia da representação das forças econômicas na esfera política. O Estado só poderá desenvolver sua ação moderadora e conciliadora se os interesses ligados à produção intervierem na direção política do país. Tal colaboração será realizada unicamente por meio da representação das classes e, promovendo-a, Vargas "realizou no Brasil uma profunda revolução, cujo alcance não tem sido devidamente apreciado, mas que será certamente assinalado, no futuro, como o acontecimento mais importante que promanou da Revolução de 1930". Não resta dúvida de que Azevedo Amaral, neste momento, reforça a ideia de reformular o sistema representativo para poder demonstrar, em seguida, que a verdadeira democracia se sustenta na introdução da representação classista. Substituir os parlamentos eleitos pelo sufrágio universal por assembleias compostas de delegados das corporações é a medida necessária para a efetivação do ideal democrático.

Azevedo Amaral pretende que a organização política nacional expresse diretamente os interesses dos grupos organizados, tanto aqueles que atuam "na produção e distribuição da riqueza" como os que desenvolvem espiritualmente a coletividade. Com isto, ele objetiva colocar o Brasil ao lado das "correntes contemporâneas", receitando-lhe uma aplicação gradual de corporativismo. Notamos grande preocupação em torno da realização do Estado Corporativo em nosso país, a tal ponto que as sugestões para a sua implantação são debatidas com cuidado especial, até se atingir a seguinte conclusão: para torná-lo realidade, "devemos agir de modo a ir gradualmente integrando a maquinaria do Estado Corporativo na ambiência atual do Estado". Neste sentido agiu Getulio Vargas, ao ajustar a representação política classista no nosso sistema representativo. Tal iniciativa colocou, de acordo ainda com o pensamento de Azevedo Amaral, o proletariado na mesma situação política do patronato e dos profissionais liberais, integrando-os na classe dirigente da nação.

Portanto, em *Renovação nacional*, mesmo admitindo a formulação de Estado Corporativo apresentada, não se pode afirmar que o corporativismo apareça como uma doutrina sistematizada e coerente, como já vimos em alguns autores estudados. Ao contrário, tanto nesta obra de Azevedo Amaral como em *O Brasil na crise atual*, constatamos conceitos esparsos talvez extraídos de certas leituras, com a finalidade de justificar o poder discricionário do presidente e de legitimar o reencontro com a realidade social brasileira. Como apontamos antes, é a representação de classes que permite a apreensão desta realidade, expressando com fidelidade a vontade coletiva. Além disto, como o proletariado esteve sempre marginalizado dentro do contexto histórico nacional, por meio da ação corporativa, ele se integrará na classe dirigente da nossa política. Trata-se então de fazer de alguns conceitos da doutrina corporativa um corretivo para os males amplamente expostos, sem interessar-se pela conexão entre tais conceitos, pelos eventuais problemas decorrentes de sua aplicação no Brasil ou pelo seu possível funcionamento no futuro. Não há, assim, uma preocupação doutrinária maior.

Examinemos, em continuação, o livro mais conhecido de Azevedo Amaral, *O Estado Autoritário e a realidade nacional* (Amaral, 1938, p.7, 11, 31-33, 117, 125-127, 134, 138, 145, 150-151, 156, 166-167, 203-205), publicado em 1938, durante o Estado Novo. A fim de não cair na mera repetição monótona, vamos passar rápido sobre pontos já destacados, concentrando-nos nos novos aspectos especificados pelo autor. De novo, insiste na adequação entre forma de organização política e realidade social, desejando o predomínio dos "elementos inerentes às condições intrínsecas da sociedade" nas novas proposições ordenadoras da nação. Outra vez vem à tona a questão do desvirtuamento institucional durante o Império e a Primeira República, por causa da impropriedade do ideário político aplicado aqui. A Revolução de 1930, por meio da atuação discricionária de Vargas, inovou em vários setores mas, destas inovações, uma apenas "fora introduzida pelo chefe do Governo Provisório, que não se enquadrava nas configurações clássicas da democracia do sufrágio universal e da eleição direta". E indica imediatamente qual foi a medida: uma "interessante experiência da representação profissional, por meio de delegados dos sindicatos de empregadores e de empregados em pé de igualdade, refletia no plano político as grandes reformas anteriormente realizadas na esfera trabalhista pela respectiva legislação".

Ressaltando a reforma promovida no nível da representação, Azevedo Amaral reclama da impotência do Estado brasileiro, organizado segundo a Constituição de 1934 e debilitado pelos seus resquícios liberais. O golpe de 10 de novembro de 1937 foi mais uma iniciativa do chefe da nação objetivando evitar urgentemente a "alarmante confusão social". Bem sabemos que tal explicação não foge à justificativa oficial fornecida na ocasião. Mas, acompanhando o texto de Azevedo Amaral, é assim que se põe o acontecimento. O Estado Novo consistiu para ele num ato de identificação com a nação, uma vez que a sua Constituição foi a "primeira Constituição brasileira". Tentou organizar a nação de acordo com "um critério realístico", isto é, sendo fiel às peculiaridades da nossa sociedade, sem filiação a qualquer doutrina estranha, inclusive o fascismo. E aqui então apela para a concepção de Estado Autoritário, que procura definir separando o Estado Totalitário.

Em um primeiro passo, procura as origens do autoritarismo. Encontra-as na "própria essência da organização estatal", mais diretamente no pleno "exercício do governo", em que representa "condição imprescindível à ação eficiente do Estado no desempenho das funções que são a razão de ser da sua própria existência". Logo depois, porém, Amaral recorre à distinção entre Estado Autoritário e Estado Totalitário, tomando como limite a inserção completa ou não do indivíduo no corpo estatal. O "conceito do Estado Autoritário – explica ele –, decorrente das condições naturais da plasmagem das sociedades, não envolve o aniquilamento da personalidade humana acarretado pelo totalitarismo fascista. O Estado Autoritário baseia-se na demarcação nítida entre aquilo que a coletividade social tem o direito de impor ao indivíduo, pela pressão da maquinaria estatal, e o que forma a esfera intangível de prerrogativas inalienáveis de cada ser humano". Sendo totalitários, o Estado fascista e o Estado comunista distinguem-se do Estado Autoritário instituído pela Constituição em 10 de novembro de 1937.

Aliás, para Azevedo Amaral, o fascismo corrompeu a ideia corporativa porque, em lugar de o Estado expressar orgânica e dinamicamente a nação que age por intermédio dele por meio das corporações, ele se transforma em "única realidade", em estimulador da vontade nacional e, em última instância, no reflexo da vontade pessoal do chefe. Preocupado em demonstrar que o corporativismo se liga a qualquer tipo especial de organização estatal, podendo, assim, ser utilizado até mesmo indevidamente, Azevedo Amaral sublinha sua total incompatibilidade com o Estado Liberal-Democrático. A atenção do autor converge para a discussão deste tema, permanente em seus escritos. Quer de novo reafirmar o atrito entre os postulados corporativistas e os postulados liberal-democráticos, para mostrar que o Estado Novo se despiu destas influências a partir da adoção da organização corporativa. Assim também ocorre com o suposto antagonismo entre corporativismo e capitalismo. Para Azevedo Amaral, se este conflito existiu, foi fruto do confronto entre solidarismo e individualismo. No momento em que a sociedade moderna evolui para o "neocapitalismo", despojando-se dos componentes individualistas, a organização corporativista da economia nacional facilmente se conciliou com ele, havendo entre ambos forte integração.

Não podemos negar que, em *O Estado Autoritário e a realidade nacional*, Azevedo Amaral avança em suas considerações sobre a feição do Estado e os preceitos corporativistas. Nem isto, contudo, nos permite dizer que mudou de procedimento. Continua, como verificamos nas outras obras examinadas, a defender o Estado Autoritário, então em pleno funcionamento no Brasil, combinando-o com uma vaga formulação de caráter corporativo. Os conceitos desta doutrina continuam a participar do seu pensamento, enquanto servem à rejeição das tendências liberal-democráticas. O corporativismo dos fascistas degenerou-se por causa do gigantismo do Estado. No entanto, com o filiar-se ao Estado Autoritário, respeitador da "esfera intangível de prerrogativas inalienáveis" do indivíduo, as corporações se tornam um fator eficaz de representação da vontade nacional. Diante destes textos, parece ficar clara a sustentação da tese do governo forte com leves traços corporativistas.

Vivendo a experiência do processo revolucionário iniciado em 1930, Amaral chega apenas a dar maior intensidade às ideias expostas por Alberto Torres quanto à organização e à direção da política brasileira. Naturalmente, respeitando as suas peculiaridades intelectuais, que fazem dele um ensaísta expressivo do período, queremos ressaltar que Azevedo Amaral acompanha a trilha indicada por Alberto Torres, assumindo, no que se refere à organização e à direção da sociedade nacional, a defesa da utilização de recursos corporativistas integrados num Estado Autoritário. Parece confirmar-se a hipótese de que, nesta época no Brasil, não se elaborou uma teoria sistemática e coerente do corporativismo, circunscrevendo-se a produção intelectual sobre o assunto à livre exposição de conceitos esparsos. O interesse maior dirige-se certamente ao estudo das vantagens e da atualidade do governo forte, como aliás se comprova pela leitura de outro autor da época, publicado na ocasião.

Em 1940, Cândido Motta Filho lança a obra *O Poder Executivo e as ditaduras constitucionais* (Motta Filho, 1940, p.7, 14-15, 26-27, 30, 35, 41-42, 47, 52-53, 56-57, 60, 81-83, 95-97, 101-102, 111--113, 148-149, 152), cuja intenção principal é debater as reformulações do Poder Executivo no Estado Moderno e as condições e finalidades da ditadura. Trata-se de um trabalho voltado mais para a perspectiva jurídica do assunto, com grande variedade de conceitos e de autores. O exame do livro, todavia, nos dá a impressão de que não estamos diante de mais uma pesquisa jurídica destinada unicamente a fins especulativos. Pelo contrário, a elaboração do estudo parece visar a um objetivo determinado, isto é, oferecer uma contribuição teórica à explicação do funcionamento do Executivo brasileiro naquela ocasião. Em outras palavras, ele quer ser uma resposta intelectual à situação da política nacional no momento.

Generalizando, Cândido Motta Filho nos diz que o Poder Executivo é um dos principais problemas da República, sendo, por isto mesmo, um meio de avaliação das condições do Estado. O predomínio do Legislativo veio a ocasionar o enfraquecimento do Poder Executivo, levando-o a reagir em sentido inverso. As lutas da liberal-democracia contra o poder monárquico deram aos parlamentos uma situação privilegiada a fim de que ele pudesse controlar e fiscalizar a ação do Executivo. Mas, com a alteração das condições históricas e sociais, este poder precisa ser fortalecido. Mesmo na Inglaterra se manifestam opiniões favoráveis à reforma política, principalmente do Executivo. Para Cândido Motta Filho, a organização jurídico-política dos Estados Unidos também gira em torno dele, pois o poder presidencial sempre foi exercido em toda a sua plenitude. Em períodos de irrupção de conflitos, o presidente exerce poderes extraordinários e, em seus atritos com o Poder Legislativo e como Poder Judiciário, normalmente é vitorioso.

Buscando exemplos na história política norte-americana, Cândido Motta Filho lembra-se da mensagem de 4 de março de 1933, em que Roosevelt define bem a questão, assumindo seu dever constitucional e solicitando ao Congresso a aceitação de suas decisões, para que não venha a propor-lhe amplos poderes executivos. Até mesmo nos países constituídos depois da Primeira Guerra Mundial, o Poder Executivo não seguiu a concepção clássica da liberal-democracia. Agindo em sentido oposto, o Executivo moderno, que não se apoia na maioria parlamentar, comporta-se como órgão de execução e de legislação. Os países europeus, que não passaram por transformações neste setor, guardaram para si a possibilidade de empregar medidas excepcionais em momentos de conturbação, ao passo que na América do Sul, diz Cândido Motta Filho, se acentuou a tendência para o poder pessoal. Divulgou-se a solução ditatorial, desenvolvendo-se com rapidez sua área de ação. "É bem verdade – diz Motta Filho – que as ditaduras sempre existiram. Modernamente, porém, tiveram novas condições e se fixaram não só como uma providência de ordem transitória, mas também como uma consequência das modificações políticas de pós-guerra. Tomaram várias formas, assumiram vários aspectos. E o termo 'ditadura' foi empregado com frequência, falando-se muito em ditadura sindical, do proletariado, partidária, parlamentar ou presidencial, econômica, industrial ou religiosa."

Em seguida, teóricos do direito passam a "reconhecer os aspectos constitucionais da ditadura", apontando "ainda a existência de ditaduras legais, como a de Mussolini". Da volumosa especulação realizada sobre a atividade ditatorial, Cândido Motta Filho constata que, "dentro dos quadros jurídicos e políticos, a ditadura efetivamente se manifesta: a) como conservadora da ordem constitucional; b) como transformadora da ordem constitucional. No primeiro caso, temos o estado de sítio ou o estado de emergência, ou ainda o estado de alarma, os plenos poderes. No segundo caso, temos a ditadura como poder constituinte". Segundo ele, a ação ditatorial no Brasil chocou-se desde logo com a vocação liberal, que alimentou atritos com a nossa realidade social.

Mesmo assim, a Constituição de 1824 considerou a situação de perigo iminente e de grave comoção interna, enquanto a Constituição de 1891 deu ao Congresso a faculdade de declarar o estado de sítio em caso de agressão estrangeira ou comoção interna, podendo ainda confirmá-lo ou interrompê-lo quando for declarado pelo Executivo durante o recesso parlamentar.

Depois de 1930, o Governo Provisório exerceu discricionariamente as funções e atribuições do Poder Executivo e do Poder Legislativo. A Constituição de 1934 registra a declaração de comoção intestina grave, ao passo que a Constituição do Estado Novo concede ao presidente da República a capacidade de impor o estado de emergência. Fica estabelecido ainda que o uso de forças armadas para a defesa do Estado leva à substituição do estado de emergência pelo estado de guerra. Enfim, a evolução da análise de Cândido Motta Filho permite-nos entrever a sua essência: a necessidade de proteger a ordem constitucional dos efeitos da crise da sociedade moderna gerou a ampliação da responsabilidade do Executivo, que passa a socorrer-se dos instrumentos de exceção. A utilização destes recursos torna-se mais ou menos comum, e a participação do Executivo na vida nacional alarga-se progressivamente. Coloca-se, então, um outro problema: o da delegação de poderes. De novo, Cândido Motta Filho historia o que sucedeu no Brasil. Embora a Constituição de 1891 não se tenha referido à delegação de poderes, sempre foi interpretada de modo a negá-la: a Constituição de 1934 impediu-a também. Dizendo que a Constituição de 1937 reformulou completamente a forma de distribuir os poderes, dando capacidade legislativa ao presidente da República, ele está apenas indicando que, neste caso, se acompanhou a tendência generalizada na ocasião, isto é, delegaram-se poderes para a própria proteção do Estado ou de uma de suas funções.

A leitura do texto de Cândido Motta Filho conduz-nos reiteradamente à sua ideia central: com a repetição das crises, "as medidas excepcionais, previstas nas constituições, foram empregadas com uma constância sem precedentes", generalizando uma situação inicialmente transitória. E daí sua conclusão de que as "medidas de exceção decretadas prenunciam muito mais uma renúncia e diminuição da autoridade legal do que excesso de autoridade". Somos levados, portanto, à crise do poder legal e, se considerarmos os temas tratados, também às suas consequências: a reformulação do Executivo, a sua fusão com o Legislativo e a ditadura legal.[1]

Dirigindo a atenção para o pensamento revisionista de Alberto Torres, para as formulações autoritárias e corporativas de Azevedo Amaral ou ainda para as especulações sobre as transformações do Executivo e a ocorrência das ditaduras constitucionais de Cândido Motta Filho, o que comprovamos é que pertence às tendências marcantes da cultura política brasileira da época a preocupação com um governo forte num país organizado comumente por meio dos pressupostos corporativistas. É preciso

---

[1] Em obra anterior (*Introdução à política moderna*, Rio de Janeiro, José Olympio, 1935), Cândido Motta Filho percorre as principais manifestações da história do pensamento político, dedicando a segunda parte do livro ao estudo das questões postas pela democracia, pelo socialismo, pela social-democracia, pelo bolchevismo, pelo fascismo e pelo hitlerismo. Trata-se, sem dúvida, de uma obra representativa da época no Brasil, considerando-se, principalmente, as observações do autor, que já de início define o livro como "um ponto de vista" (p.5).

notar, porém, que tais conceitos são dominantes principalmente entre os cultores da ideologia nacionalista, a que se filiam Alberto Torres, Azevedo Amaral, Cândido Motta e, de modo especial para nós aqui, Oliveira Vianna. Somente levando em conta esta advertência, poderemos entender as posições expressas em nossa pesquisa: excluem tanto o fascismo e a liberal-democracia como o comunismo, pouco se interessando ainda pela chamada "terceira solução cristã".

Outras manifestações corporativistas do nacionalismo autoritário

São dominantes entre os adeptos do nacionalismo no Brasil, durante o período em questão, as elaborações do tipo seguinte: existindo dois países, o real e o legal, inteiramente isolados um do outro, toda organização jurídico-política estaria predestinada ao fracasso. Uma direção política definida somente poderia nascer de uma nação organizada corporativamente. Então as corporações seriam as mediadoras entre o nível do real e o nível do legal, unindo-os sob a orientação de um Estado forte, muito mais preocupado com a autoridade do que com a liberdade. Dissemos anteriormente que este Estado Corporativo era também um Estado Autoritário, sem qualquer interesse por partido, mesmo único, e sem ideologia ordenada.

É claro que existem variações entre os autores estudados. Uns se importam mais com questões relativas ao funcionamento do Estado; outros, mesmo não desprezando este aspecto, destacam o aprimoramento da representação da vontade nacional no corpo estatal, querendo vincular estreitamente Estado e nação pela ação corporativa. A verdade é que Alberto Torres, Oliveira Vianna, Azevedo Amaral e Cândido Motta Filho representam somente alguns momentos da ideologia nacionalista das primeiras décadas do século XX em nosso país. Inúmeras manifestações deste movimento foram registradas na história deste período, mas naturalmente não vamos consigná-las aqui, a não ser algumas meramente para efeito de análise. Limitemo-nos às ramificações do pensamento de Alberto Torres, de quem Oliveira Vianna foi "o mais importante de seus leitores e de seus comentadores" da primeira fase de divulgação de suas ideias, conforme diz Barbosa Lima Sobrinho (1968, p.460, 474-478, 499-500, 505-507, 509-510). Anotemos, por exemplo, a *Revista do Brasil*, criada em São Paulo no ano de 1916, cujo objetivo é "a vontade firme de constituir um núcleo de propaganda nacionalista". Em 1919, aparece a "Propaganda Nativista", da qual fazia parte Jackson de Figueiredo. Deste mesmo grupo se origina também a "Ação Social Nacionalista", cujo periódico *Gil Blas* foi poderoso instrumento de ação e de propaganda deste ideário. Como expressão de outro grupo nacionalista, aparece o periódico *Brazilea* em janeiro de 1917, indo nesta primeira fase até 1918. A segunda fase cobre os anos de 1931, 1932 e 1933, contando com a participação de Álvaro Bomílcar, que também esteve na primeira. Os dois momentos dessa publicação fazem do nacionalismo o ponto central das interpretações.

O Movimento Modernista, começado em 1922, expressa do ponto de vista artístico as preocupações nacionalistas da época, do mesmo modo que o livro *À margem da República*, lançado em 1924 pela editora Anuário do Brasil, vincula-se em grande parte a tais tendências e tem Oliveira Vianna entre seus colaboradores. Depois de 1930, a ideologia nacionalista passa a ocupar um lugar de maior destaque e encontra muitos outros divulgadores. Republicadas em 1932 e 1933, as obras de Alberto Torres ganham maior interesse ainda para os intelectuais. Dos ensaístas mencionados, Azevedo Amaral foi o que mais se distanciou dele, ao passo que, além de Oliveira Vianna, Cândido Motta Filho continua significando neste momento a tentativa de reelaboração dos problemas brasileiros segundo as diretrizes adotadas por Torres, até mesmo publicando em 1931 o livro *Alberto Torres e o tema da nossa geração*. Comprova-se a força de suas ideias, porém, com a fundação, em 10 de novembro de 1932, da "Sociedade dos Amigos de Alberto Torres" no Rio de Janeiro, da qual, dentre outros, faziam parte Oliveira Vianna e Cândido Motta Filho.

Neste ambiente intelectual, merece atenção o lançamento da Coleção Azul, dirigida por Augusto Frederico Schmidt, contendo as seguintes obras publicadas: *Brasil errado*, de Martins de Almeida; *Introdução à realidade brasileira*, de Afonso Arinos de Melo Franco; *O sentido do tenentismo*, de Virgínio Santa Rosa; *A gênese da desordem*, de Alcindo Sodré; e *Psicologia da revolução*, de Plínio Salgado. O primeiro livro da série é de outubro de 1932, e os demais apareceram entre fevereiro e junho de 1933. Embora eles exponham ideias mais ou menos conhecidas, às vezes a linguagem é bastante obscura e as proposições não raramente se contradizem.

Interessamo-nos pela coleção em virtude de ela ser uma reiteração de certas posições já firmadas por Oliveira Vianna, Alberto Torres, Cândido Motta filho e outros, apesar de comumente mal elaboradas.

Em *Brasil errado*, de Martins de Almeida, redescobrimos a crítica à falta de consciência nacional e de nacionalidade, a "ditadura técnica" das "corporações profissionais" como solução para o nosso país, a necessidade de conhecer a realidade brasileira, a rejeição dos partidos e do Estado Liberal, preferindo as experiências ditatoriais com o nacionalismo econômico. E Martins de Almeida volta a insistir na crítica à separação entre país real e país ideal. Em *Introdução à realidade brasileira*, de Afonso Arinos de Melo Franco, surge igualmente a constatação de que o Brasil é um país desordenado, com uma elite dispersa. Para ele, a luta pela paz é o único objetivo válido, mas esta paz deve ser representada pela hierarquia, pela disciplina e pela ordem.

Não são muito diferentes as proposições dos livros restantes. Em *O sentido do tenentismo*, o interesse de Virgínio Santa Rosa dirige-se principalmente para a análise da ação e das ideias tenentistas, mostrando que o tenentismo, sendo um produto de insatisfação da pequena burguesia, naquele momento se encontra em formação, sem ideologia definida e sem capacidade de organizar-se. Santa Rosa voltou-se para a atuação de Getulio Vargas, apreciando a sua capacidade de equilíbrio diante das pressões, embora sua maleabilidade tenha prejudicado a ascensão dos tenentes. Está mais ou menos explícito que Santa Rosa, interessado no tenentismo, não deixa de acreditar nas vantagens do poder discricionário do chefe do Governo Provisório. Já Alcindo Sodré, em *A gênese da desordem*, opõe-se à participação dos tenentes na Revolução de 1930, por significar mais um ato de indisciplina, quebrando a hierarquia e gerando a desordem. A perturbação militar consiste na sua intromissão na política e, neste particular, Vargas é responsável pela atuação dos tenentes. Além disso, Alcindo Sodré é contra a ditadura e os mitos criados por ela, tais como a questão social, a luta de classe, a sindicalização, o ensino ao povo, a extinção do latifúndio e também o regime parlamentar e a representação classista. Suas teses dão a impressão de chocar-se com as ideias dos demais autores da coleção. Seu combate ao tenentismo coloca-o em oposição, neste setor, às formulações de Virgínio Santa Rosa. A verdade é que as discrepâncias não são tão grandes. Alcindo Sodré persiste na crítica aos imitadores das doutrinas europeias e norte-americanas e aos elaboradores de constituições. As populações não podem cumpri-las e, por isto, elas nunca organizaram o país. O povo precisa, segundo Alcindo Sodré, de "executivo forte", com um maior período governamental para haver continuidade. Regressam assim as mesmas teses, agora apresentadas sob forma bem pessoal e polêmica.

    O último livro publicado pela Coleção Azul foi *Psicologia da revolução*, de Plínio Salgado. Este certamente conheceu a obra de Alberto Torres, mas não limitou suas conclusões ao programa traçado por ele. Sendo já um dos primeiros trabalhos da fase integralista de Plínio Salgado, *Psicologia da revolução* reproduz a crítica à influência europeia, fazendo da Colônia o único período nacionalista do Brasil. As populações interiores são a verdadeira fonte da nacionalidade brasileira, e a maior manifestação de independência do nosso povo ocorreu na Colônia, embora ele respeitasse o governo central. De novo, reaparece o problema das "duas nações", o "Brasil letrado" e o "outro Brasil", visando repudiar a formação individualista e liberal que imobilizou as forças da nacionalidade. Tais valores, para Plínio Salgado, são repelidos pela nossa realidade, que nada tem em comum com eles.

Edgard Carone (1968, p.252-253, 286, 294-295), referindo-se à Coleção Azul, observa que a "crítica ao liberalismo em crise e o desconhecimento quase completo dos problemas operários, que então surgem com impetuosidade, levam a pequena burguesia a encarar como tarefa imediata a superação das formas políticas e sociais da democracia dos séculos XIX e XX e a implantação de um novo liberalismo político mais dirigido". Impedidos de realizar este liberalismo, diz Carone, "seus teóricos oscilam naturalmente entre um liberalismo deturpado e um autoritarismo direitista que surgia como fórmula mais definida". O que deve ser ressaltado aqui, dentro dos objetivos da nossa pesquisa, é esta hesitação característica da desorganização ideológica existente. Em todas estas atividades mencionadas, ao longo dos anos 1910, 1920 ou 1930, o nacionalismo manifesta-se vivo, gerando indagações sobre as possíveis alternativas para a crise político-social do Brasil. Das soluções apontadas, ressurge sempre a ideia de um Estado forte, vinculando o real e o legal por meio das corporações como um meio de superação da liberal-democracia.

Retornemos a Plínio Salgado, que se interessa pelo nacionalismo e pelo Estado Corporativo. "No Brasil – diz ele – não há ainda um sentimento coletivo de interesse nacional. Cumpre-nos, ao iniciar a discussão dos problemas que nesse momento nos suscita, declarar, como base de uma orientação segura, que não há interesses estaduais diante dos supremos interesses nacionais. Colocando-nos neste ponto de vista de nacionalismo integral é que iniciamos a nossa ação jornalística neste trepidante momento da vida brasileira". O "nacionalismo integral" de Plínio Salgado implica uma concepção do Estado, assim descrita por ele: é a "força suprema interveniente nos rumos e finalidades sociais" que, mantendo a propriedade e a iniciativa particular, "saiba demarcar os limites do exercício das liberdades individuais, segundo os interesses gerais e nacionais", fazendo com que "as classes se representem em corpos legislativos" (Salgado, 1931).

Anotemos ainda a criação, em março de 1932, em São Paulo, da Sociedade de Estudos Políticos, da qual se originaria, ainda neste ano, a Ação Integralista Brasileira, por iniciativa de Plínio Salgado. Ele mesmo apresentou os princípios da Sociedade, dos quais se destacam a afirmação da "unidade da Nação", da "expressão de todas as suas forças produtoras do Estado", do "princípio de autoridade" e da "coordenação de todas as classes produtoras" (Trindade, 1974, p.125-126). As atividades nacionalistas também se estenderam para outros grupos, como o da *Revista Cultura Política*, ativa com o advento do Estado Novo.[2]

---

2 Precisam ser mencionadas aqui mais duas obras, uma de Miguel Reale e outra de Tasso da Silveira, que procuram interpretar a evolução da Teoria do Estado em seu tempo, acabando por propor para o Brasil o Estado Integral. Dentro dos limites deste trabalho, interessa-nos sobretudo tal proposição. Miguel Reale, em seu livro (*O Estado Moderno*, Rio de Janeiro, José Olympio, 1935, 3.ed.), mostra que o Estado é "um organismo complexo, de *forma jurídica*, mas de conteúdo político-histórico, tendente a se identificar com a nação, não *materialmente* no sentido de absorver os indivíduos e os grupos, mas *espiritualmente* no sentido de exprimir os seus valores mais altos" (p.171, grifos de M. R.). Além de colocar o Estado Integral à margem da questão antissemítica, Miguel Reale procura distingui-lo do Estado Totalitário, em que o todo absorve partes (p. 172). Admite, por outro lado, que o Estado Integral é corporativo: "impõe-se a organização das classes produtoras para defesa real de seus direitos, criando o *Estado Corporativo*, uma vasta organização de cooperativas de produção e de consumo que completem os organismos sindicais; e institutos nacionais de crédito capazes de fornecer capitais aos que são capazes de produzir (popularização do crédito) (p.189, grifo de M. R.).

Para Tasso da Silveira, em sua obra sobre o assunto (*Estado Corporativo*, Rio de Janeiro, José Olympio, 1937), a preocupação não é outra: "O Estado Integral, objetivado pelo Movimento do Sigma, se contrapõe a um só tempo, como em várias passagens deste livro já deixei claramente entrever, ao Estado

O nacionalismo, como estamos vendo, nada mais é do que um convite para o retorno à realidade brasileira, já que esta representa apenas o ponto de chegada, e não o de partida. Esse regresso à nossa situação concreta não exclui a imprópria aplicação de doutrinas externas, mas, ao contrário, serve perfeitamente para permitir a sua "aculturação". A própria doutrina corporativa não nasceu aqui, tendo passado pelo processo de transposição do exterior para o Brasil, como solução da crise de representação política.

Na realidade, em todas as manifestações nacionalistas, aparece este mecanismo: cantando as glórias da nacionalidade, são transferidas para cá concepções estranhas, e até mesmo certos traços de nacionalismo europeu da época. Repete-se assim o que mais se condena no liberalismo trazido para o Brasil: opera-se a mesma transferência, com a diferença de que desempenha agora o papel de crítica conservadora. Parte-se da abstração para atingir a realidade. A atitude fragmentadora é uma constante nestes casos, em que se ajuntam os conceitos mais díspares, denunciando a formação eclética tão comum. As inconsistências aparecem e chegam a ser até mesmo uma característica. No nível do abstrato, tudo pode ser fundido. Como já observamos com relação a

---

totalitário do comunismo e do nazismo, e ao Estado neutro, de estrutura puramente jurídica, da liberal-democracia" (p.271-272). E explica-se melhor mais adiante: "Em face do Estado totalitário, o Estado Integral, objetivado pela doutrina do Sigma, se define como um estimulador e realizador de virtualidades profundas da Nação, como um captador de energias dispersas, e, portanto, como um servidor humilde dos destinos coletivos, em vez de como seu senhor absoluto. Em face, porém, do Estado liberalista, define-se o Estado Integral como Estado forte, pois que, intimamente solidarizado com aquelas próprias virtualidades profundas, que estuda, consulta, move e procura levar à realização, e de cuja substância de vida se nutre essencialmente, se acha em condições de efetivamente criar e manter uma ordem nova" (p.278-279). Também para Tasso da Silveira, o Estado Integral tem caráter corporativo: a importância do corporativismo está na sua capacidade de substituir as relações impostas pela liberal-democracia no campo profissional (p.268-269).

Oliveira Vianna, este caminho foi seguido para a elaboração do Estado Corporativo.

O ecletismo é assim uma atitude dominante no ambiente em que Oliveira Vianna vivia e pensava, representando uma tendência da cultura brasileira da época. As condições gerais do nacionalismo, que dirigiram o cultivo do Estado Corporativo entre os nossos intelectuais, impunham soluções destinadas à superação da liberal-democracia. Tais soluções convergem para a necessidade de ser instituído um Estado Autoritário, que utilize as corporações para organizar a nação e para representá-la. Tendo como ponto de partida uma concepção realista do mundo, concebia-se um Estado Autoritário sem qualquer tipo de partido, mesmo único, e sem ideologia organizada. E se este Estado era também Estado Corporativo, é porque as corporações faziam a mediação entre a nação real e a nação legal.

O corporativismo é utilizado como uma das respostas ao momento brasileiro; torna-se fato corriqueiro, entre os nacionalistas adeptos do Estado Autoritário, a referência a elementos da doutrina corporativa, aplicados sem qualquer sistematização. Verificamos isto nas várias manifestações expostas acima. De fato, não existiu no Brasil entre os nacionalistas autoritários, durante este período, uma doutrina corporativa que viesse a fundamentar a concepção do Estado Corporativo. Nossos intelectuais satisfizeram-se com fragmentos do corporativismo que lhes bastavam inteiramente. Teorias corporativistas como as de Manoilesco ou de Perroux não são encontradas aqui, e as nossas concepções a respeito vão buscar seus elementos em doutrinas corporativas de origem variada.[3]

---

3 Verifiquemos, ainda a título de exemplo, um livro de A. F. Cesarino Júnior (*Direito social brasileiro*, São Paulo, Martins, 1940), no capítulo relativo à definição de direito corporativo. O autor mostra a variedade de conceituações, de acordo com a ideologia que as inspira. Critica as definições de Borsi, de Barassi, de Zanobini e de Venditti, observando que todas elas "se assemelham naturalmente, dando caráter do regime político vigente na Itália" (p.183-184).

Se não tivemos teorias acabadas do corporativismo, ao menos tivemos uma grande tentativa neste sentido. Esta tentativa sem sucesso foi a de Oliveira Vianna, que caminhou pouco além da mera aplicação de conceitos corporativistas ao funcionamento do Estado Autoritário. O fato de não existir uma formulação sistemática do corporativismo, faltando, portanto, um sistema teórico em que se possa fundamentar a concepção de Estado Corporativo, encaminha-nos ao raciocínio seguinte: seus conceitos representam uma contribuição intelectual à nova fase de construção do Estado Nacional, que viria a substituir o Estado Liberal. A questão do Estado Corporativo tem importância ao traduzir este processo. Assim, a despreocupação com a montagem de um sistema teórico de corporativismo parece explicar-se em virtude da urgência em debater-se os inúmeros problemas da criação de um Estado Nacional, centralizado, eficiente e representativo dos interesses sociais. Os nacionalistas defensores do autoritarismo só se dirigem para a doutrina corporativa a fim de buscar uma solução para a desorganização dos agentes da produção no Brasil. Isso esclarece o uso fragmentado do corporativismo. Ele não forma a essência do Estado Nacional,[4] mas é unicamente um recurso a mais para a sua elaboração.

Relaciona, entre os franceses, Gaétan Pirou, François Perroux e Joseph-Barthélemy, ajuntando que eles não se interessam pela elaboração de um direito corporativo (p.185). Em sua exposição, Manoilesco também é mencionado. Cesarino Júnior define direito corporativo ou direito social coletivo como o "conjunto das leis sociais que consideram os empregados e empregadores coletivamente, principalmente na forma de sindicatos e corporações..." (p.28).

4 O nacionalismo é um fenômeno extremamente *amplo* que, segundo Dante Moreira Leite (*O caráter nacional brasileiro*, São Paulo, Pioneira, 1969, 2.ed.), "implica em exaltação das qualidades de um povo, o que leva inevitavelmente à comparação com outros, então considerados inferiores" (p.20). É, segundo ele, "apenas uma justificativa ideológica de grupos que, por outras razões, já estão em conflito" (p.25). Ora, sendo assim, restringimos nosso exame às manifestações do nacionalismo autoritário de determinado período histórico do Brasil. Neste sistema ideológico, integram-se as proposições de Oliveira Vianna.

Conclusão: o Estado Corporativo de Oliveira Vianna e as transformações da administração pública brasileira

Em síntese: do exposto poderemos deduzir qual a função destinada pelo nacionalismo brasileiro ao Estado Corporativo e, ainda, como se concebia para tal fim, esse Estado. Na verdade, ele sempre foi um Estado Autoritário.

Englobando num só conjunto as principais posições nacionalistas autoritárias, tivemos a configuração de um mesmo tipo de Estado Corporativo, que reaparece com certa constância até transformar-se em matéria política de ampla divulgação. Tal Estado deve submeter a sociedade, desconhecendo também qualquer tipo de partido político representante ou não das classes sociais. Sua principal função é falar em nome da nação, descobrindo a vontade nacional por meio da organização corporativa.

Daqui poderemos chegar à conclusão do capítulo. Oliveira Vianna parte de uma concepção eclética do Estado Corporativo que é na realidade um Estado Autoritário. Desta proposição, dirigimo-nos para o estudo de nacionalistas partidários do autoritarismo a que se filiava Oliveira Vianna, depois de constatar a pequena contribuição de Alberto Torres para sua elaboração do Estado Corporativo. Atingimos assim as formulações nacionalistas relacionadas com um governo forte num país organizado por princípios corporativos. Em qualquer dos casos examinados, não chegamos a sistemas teóricos corporativistas, mas apenas a simples utilizações esparsas e circunstanciais do ideário corporativo.

Unicamente, a necessidade de gerar-se um Estado Nacional poderia explicar esta típica utlização de conceitos do corporativismo em nosso país. De fato, o estabelecimento deste Estado exigiu a discussão de uma temática variada em que os elementos corporativos, apesar de às vezes destacados, se perdem na sua amplitude. Reduzem-se, consequentemente, a meros componentes da nova fase do processo de elaboração do Estado Nacional com a finalidade de submeter os interesses da produção aos interesses estatais, tornando-os ao mesmo tempo mais representativos. Posto o problema nesses termos, o corporativismo de Oliveira Vianna reduz-se a um momento ideológico da transformação do Estado. Representa um momento da transição de um Estado Liberal para um Estado Nacional, para o qual contribui como instrumento de organização da nação. No nível histórico, poderíamos pensar que tal corporativismo corresponde a uma mudança na administração pública, que cresce e se centraliza, possuindo uma elite participante das decisões governamentais, depois de 1930. Desde 1920, a União, antepondo-se aos interesses oligárquicos, buscará o estabelecimento de uma orientação mais definida sobre as questões de polícia, educação, saúde pública e comunicação. De 1930 em diante, a União amplia sua capacidade de prestação de serviços, ampliando consequentemente a ação administrativa. Tornando-se mais complexo e maior, o Poder Executivo e também a administração ganham mais força política.[5]

5 Mário Wagner Vieira da Cunha [em *O sistema administrativo brasileiro (1930--1950)*, Rio de Janeiro, Instituto Nacional de Estudos Pedagógicos, 1963] examina o crescimento quantitativo dos servidores públicos, englobando os federais, os estaduais e os municipais. Seguindo suas indicações, constatamos que no período de 1920 a 1940, para todo o país, ocorreu um aumento do número absoluto de funcionários em todas as unidades estaduais, que sempre foi maior que o crescimento relativo da população. Fortaleceu-se assim a burocracia civil e militar, principalmente no Distrito Federal (RJ), onde o crescimento relativo foi quinze vezes superior ao crescimento relativo da população, mostrando já o volume da burocracia federal. Entre 1938 e 1943, o crescimento médio anual da burocracia civil federal foi de 2,1%, e de 4% entre 1943 e 1958. Neste último período, a burocracia civil federal, no Distrito Federal (RJ), teve um aumento médio anual de 12%. Já a burocracia militar, em 1940 e 1950, manteve a relação de 4 militares por mil pessoas, embora elevando de doze militares por mil pessoas ativas em 1940 para catorze por mil em 1940 (p.114, 130-131, 172). Também foi marcante a ação intervencionista na economia, dando origem a vários órgãos da administração pública. Octávio Ianni (em *Estado e planejamento econômico no Brasil*, Rio de Janeiro, Civilização Brasileira, 1971) destaca a importância na época estudada do Conselho Federal de Comércio Exterior, criado em 1934, e da Coordenadoria da Mobilização Econômica, de 1942 (p.28, 48-49).

O período em que Oliveira Vianna viveu e pensou compreende condições históricas bastante variadas do ponto de vista econômico, político e social. Iniciando sua produção intelectual durante a Primeira República, ele a desenvolve ainda mais depois de 1930 e do Estado Novo, atingindo os primeiros anos de redemocratização do país. Ao longo de fases tão diversas, Oliveira Vianna constrói a sua obra, mantendo mais ou menos a mesma orientação.

Acompanhando os eventos da década de 1920, ele assiste, com a Revolução de 1930, à abertura de uma prolongada crise de hegemonia em nossa história, evidenciada pela impossibilidade de qualquer dos grupos existentes vir a exercer o poder com exclusividade.[6] O papel da União cresce em importância e a intervenção na economia torna-se mais efetiva, como ele já defendera em seus primeiros livros. E mais, se concretizando no Brasil soluções semelhantes às suas, Oliveira Vianna verifica que, desde então e pelos anos seguintes à Revolução, o chefe de Estado aos poucos passa a contar com uma administração pública que assessora, presta serviço à nação e acaba legitimando o poder dele, durante o Estado Novo.[7] Suas teses, confirmadas pela

---

6 Sobre a evolução política dos anos seguintes a 1930, diz Boris Fausto: "Dependente de uma representação nos Estados que mereça confiança e levado pelas necessidades geradas por uma situação de crise, o governo federal aumenta sua área de intervenção e controle" [*Pequenos ensaios de história da República (1889-1945)*, São Paulo, CEBRAP, 1972, p.51].

7 Raymundo Faoro ressalta o papel da burocracia no Estado Novo. Mostra o caso da Constituição de 1937, que não teve legitimação por meio de plebiscito ou de partidos: "entre o povo e o ditador só a burocracia, sem coronelismo, sem oligarquias, mas num vínculo ardente com as massas, gerando o populismo autocrático, esteio hábil para evitar o predomínio de outros grupos". Para Faoro, o Estado Novo é um "Estado Administrativo", que foge "ao esquema corporativo constitucionalmente previsto", tomando um caráter meramente burocrático, à medida que procura realizar "a distribuição de recursos e investimentos por motivos técnicos, sem o predomínio de razões estaduais" (*Os donos do poder*, Porto Alegre-São Paulo, Ed. Globo/Ed. da USP, 1975, 2.ed., v.2, p.706).

evolução dos fatos, precisavam receber maior desenvolvimento. Dedicou-se a tal tarefa nos trabalhos posteriores.

A relativa autonomia do Estado diante da sociedade, manifestada depois de 1930, expressa a incapacidade de qualquer classe existente na época vir a assumir sozinha o poder político. Além disso, concede à administração pública o privilégio de atuar mais diretamente sobre o chefe de Estado, ajudando-o a obter ao menos um mínimo de conciliação entre os diversos grupos. Assim, Oliveira Vianna defende o Estado forte e organizador da nação. Tal organização realizar-se-á, segundo ele, por meio de uma administração eficiente e capacitada que assessore o presidente da República. As corporações teriam aí a finalidade de organizar a massa e aprimorar o funcionamento da administração, de que fazem parte.

Dedicando-se inteiramente a atividades administrativas e ocupando o mesmo cargo de assessoria de Ministério de Trabalho, de 1932 a 1940, além de outros postos de importância, Oliveira Vianna sempre acreditou na eficiência e no caráter apolítico da administração. Torna-se, portanto, um ideólogo da ação e da expansão administrativas, reservando para as corporações o papel fundamental: vincular a nação aos seus servidores mais dedicados. Foi um dos mais expressivos defensores do fortalecimento do Poder Executivo e também da administração, no momento em que no Brasil eles evoluíam rapidamente e cresciam em importância e poder, atuando em todos os setores da sociedade em crise. O Estado Corporativo de Oliveira Vianna, por conseguinte, busca a modernização da economia capitalista brasileira e a conciliação entre capital e trabalho.

Essa concepção de Estado, sem projetar rigorosamente o Estado Novo, é uma das mais elaboradas tentativas de legitimá-lo: significa a articulação da nação, de cima para baixo, por meio do funcionamento das corporações. Para Oliveira Vianna, a administração e as corporações, como componentes do Estado, igualmente se identificam com a nação, a quem servem livres de qualquer paixão partidária e de acordo com a maior eficiência e impessoalidade. A realidade, no entanto, é diferente: como atividade do Estado, a administração pública serve aos objetivos, à estrutura e ao próprio poder do Estado, passando pelas mesmas dificuldades e transformando-se com ele. Sabemos que a administração pública, de que as corporações fazem parte na concepção de Estado Corporativo de Oliveira Vianna, não é apolítica ou meramente técnica, quando a tomamos como uma burocracia, com configuração e recursos próprios.

Quanto à originalidade da concepção de Estado Corporativo de Oliveira Vianna, a nossa exposição autoriza-nos a pensar que ele não representa uma posição isolada e excepcional. Ao contrário, Oliveira Vianna incorpora-se às tendências dominantes dentro do nacionalismo brasileiro da época, de linha autoritária. Perdendo, portanto, em originalidade, ganha uma posição particularíssima em termos de formulação corporativista, pois realizou talvez a mais significativa elaboração neste sentido no Brasil de então, considerando-se a reelaboração constante ao longo de sua obra e o profundo conhecimento dos principais doutrinadores do corporativismo europeu, e até mesmo norte-americano, do período.

Completada mais esta fase do trabalho e definida a posição da concepção de Estado Corporativo de Oliveira Vianna em certo momento da cultura brasileira, caminhamos para uma nova etapa. Procurando o sentido de que se revestiu essa concepção, tentaremos compreender as suas articulações internas, que lhe determinam a real significação para a vida social.

4
A concepção de Estado Corporativo

A busca do sentido do Estado Corporativo

Chegamos à conclusão que Oliveira Vianna, ao consagrar o corporativismo, estava atendendo a injunções da cultura brasileira de sua época. Mesmo incorporado às tendências dominantes no momento, esse autor assume a posição singular quanto ao esmero e à reiteração das proposições corporativistas. Será bastante proveitoso colher indicações presentes na sua obra, que poderão esclarecer as ligações orgânicas formadoras da concepção de Estado Corporativo.

Nesta última fase da pesquisa, procuraremos desvendar o sentido desta concepção, percorrendo sua forma de articulação e seus princípios destinados a reformular a vida social brasileira. Queremos, tanto quanto possível, verificar a significação desta construção teórica, determinando sua finalidade dentro da produção intelectual desta fase.

A concepção de Estado Corporativo de Oliveira Vianna, à primeira vista, nada possui de insólito, porque significa mais uma reação contrária à liberal-democracia, com a intenção de organizar corporativamente a sociedade. Incapacitada a nação de sustentar sua autonomia, cabe ao Estado representar a vontade geral, traduzindo os anseios e os interesses nacionais e submetendo todos à força da sua autoridade.

No entanto, a concepção de Estado Corporativo sugere mais ainda, se atentarmos para as suas pretensões de revolucionar a vida política brasileira, com a finalidade de elevá-la até o nível das últimas inovações do mundo moderno. Para conhecermos os fundamentos deste Estado Corporativo, é preciso antes saber como foi entendida a sociedade brasileira, especialmente quanto aos seus aspectos mais importantes para uma formulação do conceito de Estado.

Oliveira Vianna e a sociedade brasileira

A leitura dos livros de Oliveira Vianna desperta-nos imediatamente a atenção para um fato inusitado, aliás já observado por vários estudiosos de seu pensamento (Lima, 1971, p.98; Medeiros, 1974, p.32-33). Ele vê a realidade brasileira como um todo estático desinteressando-se pelos fatores de mudança social. Vivendo e produzindo num período conturbado e excepcional, Oliveira Vianna parece não divisar as transformações das condições socioeconômicas brasileiras. E, sem dúvida, a pouca preocupação com as alterações sociais faz com que algumas de suas ideias sejam repisadas, passando às vezes por poucas variações. Por ocasião da reedição de seus livros, Oliveira Vianna contenta-se em reafirmar que nada ou quase nada foi modificado em relação à primeira edição.

Suas opiniões sobre a sociedade brasileira, da formação até nossos dias, mantêm-se mais ou menos as mesmas, sobretudo querendo demonstrar a secular desorganização da vida social do país, como ainda sua incapacidade de vir a ordenar-se.

No primeiro volume de *Populações meridionais do Brasil*, obra inicial, apresenta uma série de observações sobre o nosso povo, as quais demonstram profunda preocupação com a sua formação anterior e sua evolução futura. Já no prefácio, Oliveira Vianna constata que tanto as populações regionais do Norte como as do Sul são distintas. Esta diversidade decorre de razões étnicas, repetidamente referidas na obra. Menciona, por exemplo, a "mistura de sangues bárbaros" nas camadas plebeias, que ocasiona "uma desorganização sensível na moralidade dos seus elementos componentes", mostrando, por outro lado, que "na alta classe rural, o nível da sua mentalidade se mantém inalterado até, pelo menos, 1888".

Oliveira Vianna discute nesse trabalho problemas relacionados com mestiços causadores de anarquia, com a degradação do mulato, com o processo de seleção dos mestiços, com o branqueamento, com a arianização e com as relações entre arianismo e poder. Dentro de sua perspectiva, a "amoralidade constitucional torna o mestiço inferior (isto é, o mestiço refratário à arianização) inapto às atitudes que exigem disciplina e continuidade". A falta de uma "aristocracia de raças" e de uma "aristocracia de castas ou de classes" representa para ele uma demonstração de liberdade constante do nosso povo, que nunca experimentou "as dores e os vexames da opressão". Por meio da índole do povo alcança-se, segundo Oliveira Vianna, a explicação de que no Brasil tudo vai bem, apesar de todos mandarem e ninguém obedecer. Caminhando, portanto, por tais linhas gerais, ele acaba indicando traços caracterizadores das populações do Centro-Sul, os quais resumem fielmente o "temperamento nacional". Destes traços merece destaque principalmente a descrição do comportamento político de nossa gente. "É proverbial a sua incapacidade para apaixonarem-se por uma qualquer questão política de uma maneira duradoura e pertinaz. Nas suas maiores agitações – acrescenta Oliveira Vianna –, cedo e, às vezes, quase de súbito, sobrevém o cansaço.

Sente-se que a massa popular não pode conservar por muito tempo esse estado emocional superagudo, base da ação cívica e sem o qual as revoluções estão condenadas a fracassar pela deserção ou pelo desânimo. Realmente, todas as revoluções operadas no Centro-Sul não duram" (Oliveira Vianna, 1938b, p.XIX, 43, 85, 130-131, 139-140, 142-143, 233-234, 370, 377, 388. Cf. 1939, p.31, 66, 87; s.d., p.203; 1952, p.170, 171; 1958, p.115 a 132).

A análise da composição e do comportamento do nosso povo não se limita só a este texto; é, na verdade, um tema permanente nos estudos de Oliveira Vianna. Em *Evolução do povo brasileiro*, embrenha-se em inúmeras proposições que vão da reformulação da questão da raça até a natureza da civilização brasileira, percorrendo os mais diversos aspectos. Renovando algumas ideias referentes aos problemas raciais, aliás criticadas por ocasião da primeira edição, Oliveira Vianna torna a examinar este assunto, chegando à conclusão de que o clima de nosso país é incompatível com o tipo dolico-louro, o que leva a desinteressar-se de sua investigação. Assim mesmo continuam registradas algumas considerações sobre a aristocracia como concentração de arianos, o povoamento do Brasil por meio dos dolico-louros e sobre a cidade como centro de seleção deste tipo. O exame das origens do povo brasileiro, portanto, além de suscitar teses desta espécie, impõe a Oliveira Vianna a distinção entre raças inferiores e superiores, em virtude da possibilidade de comparações entre elas. Partindo do confronto de raças, conclui que o negro nunca chegará a ser inteiramente ariano, enquanto o índio estará ainda abaixo do negro. Nossa civilização "é obra exclusiva do homem branco", e o índio e o negro só se civilizam quando se cruzam com o branco. Não fica excluída a possibilidade de mestiços superiores originados de combinações favoráveis de traços hereditários. Oliveira Vianna até mesmo parece se interessar por tal fenômeno, pois reiteradamente recorre à questão do embranquecimento da população, por meio de comparações percentuais. A chegada de imigrantes é um fator a mais para o crescimento do contingente de homens brancos, de que o gaúcho é a manifestação mais aperfeiçoada. Enfim, o crescimento numérico do branco comprova sua preponderância. Como ocorreu no primeiro volume de *Populações meridionais do Brasil*, aqui também em *Evolução do povo brasileiro*, a análise das condições de formação do povo brasileiro culminará com a demonstração de que ele "é inteiramente indiferente às formas de governo", porque "não é monarquista, como também não é republicano". Comprova-se desta maneira, uma vez mais, sua inépcia política.

Examinemos tal inépcia do povo para a problemática de natureza política também em outros textos, a fim de verificarmos que tal posição perdura até os últimos escritos de Oliveira Vianna. Anotamos em *O idealismo na evolução política do Império e da República* menções relacionadas com o despreparo político de nossa gente. Povo no Brasil, de acordo com Oliveira Vianna, não pode ter o "sentido anglo-saxônico" de "massas populares esclarecidas e independentes". O sentido brasileiro de povo significa "uma vasta congérie humana, acumulada nas cidades ou dispersa pelos campos e sertões; congérie de desplantados, de infixos, de seminômades, de servilizados, sem pão, sem terra, sem vontade, sem consciência cívica, agrupados em clãs, sob a proteção dos grandes proprietários rurais". O brasileiro, em sua atuação política, conforme tal interpretação, dirige-se à "politicalha" dos clãs ou à polícia de partido, inteiramente insatisfatórias e demonstrativas de imaturidade e de despreparo.

Não é diferente o modo como Oliveira Vianna vê o povo em *O idealismo da Constituição*, no qual ressalta a inexistência de "opinião pública" entre nós, a ausência de solidariedade de classe e a falta de interesse coletivo. A atividade política dos clãs encaminhava-se invariavelmente contra o interesse geral, esquecido e desprezado, "porque não se fazia valer junto do Poder, não se organizava de uma maneira eficiente para compelir o Poder a respeitá-lo e a atendê-lo". A inaptidão política do povo também é focalizada em *O ocaso do Império*, com a finalidade de demonstrar a ineficácia da eleição no Brasil. Carente de espírito público, de organização de classes e de liberdade civil, aqui as eleições não levariam à sondagem da opinião popular.

O tema é retomado em *Problemas de política objetiva*, no qual volta a sustentar a nossa escassez de qualidades cívicas, constatando que "não temos sequer espírito municipal, que é uma das nossas ficções constitucionais". O brasileiro é desprovido do "sentimento dos grandes deveres públicos" e do "sentimento da hierarquia e da autoridade", não possuindo igualmente "o respeito subconsciente da lei" e "a consciência do poder público como força de utilidade social". Mostrando o quanto acreditava nestas teses, aludiu a elas no "Programa de Revisão da Constituição Federal de 1891", elaborado por solicitação de Juarez Távora em 1932, ao menos para dizer que não achava o povo brasileiro amadurecido para a "socialização de todos ou de alguns dos meios de produção", embora admitisse que, não tendo a gravidade dos países altamente industrializados, os conflitos entre capital e trabalho deveriam ser solucionados pelo Estado.

Até mesmo em sua obra mais bem elaborada, os dois volumes de *Instituições políticas brasileiras*, produzida nos últimos anos de sua vida, Oliveira Vianna interessa-se pela composição e pelo comportamento do nosso povo, prenunciando a eliminação do elemento negro por meio da arianização, porque o "Brasil está destinado a ter uma cultura exclusivamente europeia, dentro de cem ou duzentos anos". Apesar disso, declara-se contrário à explicação da civilização somente pela raça, já que não acredita no monocausalismo (Oliveira Vianna, 1938a, p.10-11, 87, 147--148, 161, 173-181, 186-187, 190-191, 194, 197, 205, 209, 311; 1939, p.60-61, 67, 97, 99-100, 104; s/d, p.30; 1947, p.47-50, 296; 1949, p.56, 142; 1934, p.155-156, 158-159, 165-166). De fato, para efeito de análise, não pretendemos nos valer nesta pesquisa dos elementos praticamente mortos do pensamento de Oliveira Vianna: os fatores biológicos de explicação da formação histórica brasileira. A par do fator ecológico, sua interpretação da nossa realidade social acentua gradativamente os componentes culturais, relegando a um segundo plano os aspectos raciais da população.

A exposição sobre as origens do povo brasileiro e sua incapacidade para atividades políticas, de acordo com Oliveira Vianna, constitui subsídio básico para a compreensão de sua visão da sociedade. Um povo em que os fatores biológicos, ecológicos e culturais incapacitavam-no para a defesa de interesses coletivos não tinha como desempenhar um papel ativo na política nacional. Dentro da perspectiva de Oliveira Vianna, restava a ação da elite como agente representativo da sociedade. É preciso saber como ele julga a atuação dela, ao longo da nossa história.

Oliveira Vianna e as elites políticas brasileiras

As elites recebem de Oliveira Vianna atenção especial, pois representam para ele uma possibilidade de fazer funcionar a democracia, já que o "governo das elites" é "uma forma de governo democrático muito mais penetrada do espírito do povo", permitindo-lhe "uma representação direta e imediata". São inúmeras as referências à problemática das elites brasileiras. O primeiro volume de *Populações meridionais do Brasil*, no próprio prefácio, já traz a posição de Oliveira Vianna sobre o assunto, a qual reaparecerá com certa constância nos outros textos. Para ele, os "velhos capitães-generais" tinham o "sentimento das nossas realidades" que desapareceu das "nossas classes dirigentes", pois "há um século vivemos politicamente em pleno sonho". Os "métodos objetivos e práticos de administração e legislação", utilizados pelos políticos coloniais, foram esquecidos pelos dirigentes do país depois da Independência, ao se deixarem levar pelo encantamento do "grande movimento democrático da Revolução Francesa", das "agitações parlamentares inglesas" e do "espírito liberal das instituições que regem a República Americana". Perdeu-se assim a "visão nacional" dos problemas brasileiros.

O mesmo ideário se repete em outros trabalhos, com raras variantes. As reflexões de Oliveira Vianna em *Evolução do povo brasileiro*, quando se referem à elite, giram em torno da natureza e das funções da aristocracia rural. Do ponto de vista da composição, esta aristocracia significa "o ponto de vista da composição dos elementos arianos da Colônia", vindo a funcionar durante o Império como fonte de dirigentes políticos responsáveis pela construção da nacionalidade. Tanto em *Problemas de política objetiva* quanto em *Direito do trabalho e democracia social*, Oliveira Vianna preocupa-se com a circulação das elites, detendo-se ainda neste último livro na fixação do que entende por elite: dá-lhe o "sentido de 'quadros dirigentes' desses diversos 'grupos', ou 'classes', ou 'categorias', componentes desta ou daquela sociedade – especialmente de uma sociedade civilizada e industrializada".

Afastando-se um pouco das questões teóricas relacionadas à elite, Oliveira Vianna, em *O idealismo da Constituição*, volta-se diretamente para as necessidades da realidade nacional e passa a aplicar o conceito de elite à nossa situação política, recorrendo muitas vezes à comparação entre Império e República. Admitindo como princípio que "o governo é uma função de elite e das elites", propõe que elas elejam os seus membros, inclusive o presidente da República, a fim de impedir a intervenção das incapacitadas massas eleitorais do interior no seu processo de escolha. E adianta mesmo que as elites dos contemporâneos estados autoritários assemelham-se, do ponto de vista da moralidade, à nossa elite imperial.

Trata-se então de estudar com profundidade esta elite, e isto Oliveira Vianna realiza no primeiro volume de *Instituições políticas brasileiras*. Reportando-se ao Período Imperial, procura demonstrar que a elite de mentalidade nacional surgiu com a ação centralizadora do Poder Real, comportando-se na vida pública "como cidadãos do Brasil". Oliveira Vianna enfatiza as origens desta elite nacional: não foi o "povo-massa" que a fez nascer, mas sim o Poder Imperial. Sua formação ocorreu daqueles centros onde o imperador exercia sua maior influência: o Ministério, o Conselho de Estado e o Senado, porque seus componentes não traziam "a mensagem ou a inspiração direta do Povo" e sim a "marca do rei". A seleção de uma elite deste porte não se deu na República, em decorrência da falta do Poder Moderador e do caráter periódico dos mandatos (Oliveira Vianna, 1938b, p.XXVIII, 12-13; 1938a, p.87, 118, 289; 1947, p.41, 107, 170-171; 1951, p.148, 151-153, 159, 161; 1939, p.252, 255-256, 280-281; 1949, p.170, 334, 373- -374, 377, 379-382, 386).

O período republicano assiste, segundo Oliveira Vianna, à desagregação da elite dirigente mergulhada no idealismo. Aliás, a própria elite imperial para ele reduzia-se aos principais expoentes do conservadorismo que conseguiram fugir do liberalismo ou sufocar qualquer adesão momentânea aos seus princípios, para sustentar a força da autoridade contida no Poder Moderador. Tanto os liberais do Império como os da República perderam-se no idealismo e esqueceram-se dos sentimentos nacionais. Oliveira Vianna vê a realidade política republicana especialmente sob o ângulo da crise das elites idealistas. Pareceu-nos que somente no segundo volume de *Populações meridionais do Brasil* procura interpretar o gaúcho como um tipo regional preparado para o exercício do poder, em virtude de ter sido educado em condições de guerra e em ambiente marcial. Esta situação forneceu ao gaúcho "o sentimento do valor do governo como órgão supremo dos interesses coletivos", permitindo-lhe a constituição de uma elite dirigente, inclusive de natureza ariana (Oliveira Vianna, 1952a, p.204, 248-249, 331).

A atuação da elite, como expressão da nação, é extremamente deplorável e deficiente durante a República, no entender de Oliveira Vianna. Arruína-se com o idealismo, especialmente com o idealismo utópico. O estudo do idealismo foi talvez um dos pontos dominantes de sua produção intelectual, e este é o motivo por que sempre regressa a este assunto. A corrupção das elites republicanas pelo idealismo é tema quase permanente em seus trabalhos. É também o primeiro volume de *Populações meridionais do Brasil* que inaugura o interesse pelo idealismo, quando distingue "povos que se organizaram sob critérios objetivos" e "povos sentimentais e imaginativos", colocando desde logo os brasileiros entre estes últimos. "Há um século – escreve Oliveira Vianna – estamos sendo os fumadores de ópio, no meio de raças ativas, audazes e progressivas. Há um século estamos vivendo de sonhos e ficções, no meio de povos práticos e objetivos". A elite brasileira, a quem cabem os protestos e a organização da reação, não tendo o domínio sobre a maioria da população, contenta-se em convocar a ralé ou a força armada, quando não prefere assumir a posição mais comum: a reação meramente intelectual.

Em *O idealismo na evolução política do Império e da República*, Oliveira Vianna sistematiza o exame do idealismo, diferenciando-o em utópico e orgânico. O idealismo utópico caracteriza-se pela "disparidade que há entre a grandeza e a impressionante euritmia da sua estrutura e a insignificância do seu rendimento efetivo – e isto quando não se verifica a sua esterilidade completa". Já os idealismos orgânicos nascem da "própria evolução orgânica da sociedade e não são outra coisa senão visões antecipadas de uma evolução futura". Entre nós nunca foi praticado o idealismo orgânico e é precisamente esta adesão ao idealismo utópico que tem impedido a concretização da organização social e política do Brasil. Dominados pelos idealismos de origem francesa, inglesa e norte-americana, nossos estadistas caíram no utopismo, desconhecendo que "a verdadeira causa do mal" estava "no próprio povo, na sua estrutura e na sua mentalidade, tal como o haviam modelado quatro séculos de evolução original, particular, sua".

Em *O idealismo da Constituição*, de novo, Oliveira Vianna mostra as nítidas razões do fracasso do idealismo republicano, inteiramente em desacordo com a realidade do povo brasileiro. Tal discrepância, segundo ele, explicaria a insuficiência da Constituição de 1891. Aliás, a crítica à organização da Primeira República é motivo inesgotável para Oliveira Vianna defender o idealismo orgânico e atacar o idealismo utópico. Ao longo de *Problemas de política objetiva*, fala da impossibilidade de cumprir a Constituição devido ao seu idealismo, remetendo-se contra o federalismo e as ficções constitucionais, de que a nação, o estado e o município são exemplos marcantes. Do mesmo modo como deturpamos o parlamentarismo inglês aplicado ao Brasil, também será preciso corromper o presidencialismo norte-americano, a fim de que possa funcionar aqui (Oliveira Vianna, 1938b, p.XIX, XXX-XXXI, 401; 1939a, p.10-11, 13, 23, 60, 62; 1947, p.31-32, 34-35, 49, 51). Seu radicalismo na denúncia ao utopismo no Brasil atinge o ponto máximo, quando observa, em outra obra, que "os chamados 'homens de pensamento' (doutrinadores, propagandistas, idealistas, publicistas etc.) – podem ser enquadrados, muito legitimamente, dentro da grande categoria dos 'homens marginais'" (Oliveira Vianna, 1949, p.15-16).

Este estar fora da realidade compromete a participação da elite na organização e na direção do país. Sua inépcia decorre, antes de tudo, da adoção do liberalismo. Sem dúvida, este foi talvez o maior fator de desnacionalização do Brasil para Oliveira Vianna, à medida que permitiu a sua idealização. Para ele, a partir da Independência e do Império, "ideias exóticas" vindas da Europa e dos Estados Unidos passaram a predominar entre nós. Surgem então o liberalismo, o parlamentarismo, o constitucionalismo, o federalismo, a democracia e a república. O resultado da implantação de instituições liberais em nosso país não foi a plenitude da democracia, da liberdade ou do direito. Foi sim o desenvolvimento da "caudilhagem local". Entre nós – conclui Oliveira Vianna –, "liberalismo significa, praticamente e de fato, nada mais do que caudilhismo local ou provincial" (Oliveira Vianna, 1949, p.15-16).

A oposição ao liberalismo não para aqui. Oliveira Vianna observa que o liberalismo subestima o Estado em favor dos interesses da vida privada e, além do mais, ficou comprovado o fracasso da "técnica liberal" aplicada ao Brasil. Todas as inovações liberais falharam: a autonomia das províncias e dos municípios, a democracia, o sufrágio direto e universal, o governo dos partidos e o Parlamento. Tudo isto deve perecer como certamente desaparecerá, segundo Oliveira Vianna, a doutrina de Rui Barbosa sobre a federação, o federalismo, a duplicidade de magistraturas, o regime de partidos, o sistema de sufrágio universal e a praxe de excursões em propaganda de candidaturas. Há, porém, o lado eterno de Rui e a consagração deste lado bem denuncia aonde Oliveira Viana quer chegar. O lado imortal de Rui Barbosa está na sua defesa do Poder Central forte, no primado do Poder Judiciário e na sustentação das liberdades civis. Mas, sobretudo, é preciso expurgar o ranço liberal.

Essa ideia constante no pensamento de Oliveira Vianna leva-o a admitir que a Constituição de 1937, de cujos princípios muito se aproximou, possuía resquícios liberais capazes de revelar que "seus elaboradores não quiseram parecer radicais, rompendo, de maneira definitiva, com o velho estado de coisas, isto é, com todos os princípios do regime destruído". Transigiu-se com o "preconceito federativo" e com o "preconceito da dualidade da magistratura", além de ter-se contemporizado também com a situação partidária. Decretada a extinção dos partidos, "não quiseram levar a política de dissolução dos partidos até a destruição de suas células iniciais, que são os 'clãs' eleitorais". Tais restrições à Constituição de 1937 fizeram-no acreditar que ela era antes "um ponto de partida do que um ponto de chegada". Reconhecia desta maneira que essa Constituição continha "um sistema revolucionário, certamente o mais revolucionário que temos tido em toda a nossa história política" (Oliveira Vianna, 1949, p.72-73, 150-151; 1943, p.263; 1939, p.175-177).

A exclusão do liberalismo não seria em vão: Oliveira Vianna prontamente viria a substituí-lo pelo corporativismo, como se este não fosse "ideia exótica". Sobre tal ponto já nos referimos, mas é sempre proveitoso verificar como ele aparece nos textos. Em *Problemas de direito corporativo*, "a velha dogmática do

Estado Liberal" deveria ser transformada "pelo menos no ponto relativo às fontes do direito positivo e ao monopólio legislativo do Parlamento". E na "Exposição de motivos da Comissão Elaboradora do Projeto de Lei Orgânica da Justiça do Trabalho", redigida sob sua direção, Oliveira Vianna sustenta-se na Constituição de 1937 para dizer que, abandonado o liberalismo, se institui "expressamente o corporativismo de Estado", fazendo "das corporações econômicas órgãos do Estado, constitucionalizando e tornando imperativo o intervencionismo". O fim do liberalismo inauguraria a fase solidarista no Brasil, cumprindo assim uma tendência do mundo moderno. E desenvolvendo essas novas ideias, Oliveira Vianna aponta em *Problemas de organização e problemas de direção* os "três centros de educação do homem brasileiro": as forças armadas, as formações escoteiras e as organizações sindicais e corporativas, capazes de revolucionar pelo hábito de servir ao bem comum (Oliveira Vianna, 1938c, p.63, 176, 275; 1952b, p.15, 34-35).

Não é difícil concluir que os partidos, como associações de natureza social, não têm qualquer utilidade, uma vez que o povo brasileiro é incapaz de organizar-se e sua elite dirigente perdeu-se no idealismo utópico. Oliveira Vianna realiza a crítica aos partidos dentro do próprio contexto de contestação ao liberalismo.

Referindo-se à política do Segundo Império, ele constata as vantagens da intervenção do Poder Moderador no jogo dos partidos. Tal intervenção é responsável pelo "milagre de vermos todas essas forças temíveis do localismo e do provincialismo aceitarem, quase sem nenhuma reação, o sistema centralizador e unitário, forjado pelos estadistas imperiais". Segundo as linhas gerais do pensamento de Oliveira Vianna sobre o assunto, os partidos somente funcionariam se tivessem diante de si a autoridade do Poder Moderador. Em todo caso, porém, ainda seriam simulacros e não legítima expressão de interesses públicos. Por este ângulo, "nunca tivemos partidos, nem mesmo nos belos dias do Império", e a República é inteiramente desprovida deles. Os partidos políticos, de acordo com Oliveira Vianna, representam a "comunidade de interesse privado, o clã pessoal, o corrilho de campanário, a confraria eleitoral, reunida em torno de um chefe, mas de todo em todo indiferente às ideias ou aos programas, sociais ou políticos, que ele possa ter". Sejam partidos federais, estaduais ou locais, a solidariedade moral só existirá naqueles que exercem efetivamente o poder, porque neles haverá o "sentimento do interesse comum, da defesa comum, do perigo comum".

Voltados para o gozo do poder onde se realizam seus interesses particulares e se justificam todos os meios para mantê-lo, os partidos frequentemente entram em conflito com a nação, a qual não representam e até mesmo desprezam. Num de seus trabalhos, o primeiro volume de *Instituições políticas brasileiras*, Oliveira Vianna procura explicar como o direito público costumeiro origina-se nestas "fontes elementares", que são os "partidos" dos chefes municipais e os "partidos" dos "coronéis". Conclui-se então, partindo dessas premissas, que os "partidos" são clãs eleitorais e únicos criadores do direito público costumeiro no Brasil. Em outras palavras, não existem partidos políticos no Brasil, unicamente clãs eleitorais, que lhes retiram a feição de agremiação destinada a defender um programa. A desorganização do povo implica a desorganização dos partidos, dentro da lógica de Oliveira Vianna.

Tomando-se como ponto de partida o princípio "de que só devem ter participação na constituição e no funcionamento dos poderes públicos aquelas instituições ou grupos sociais que representam interesses coletivos ou gerais", retira-se qualquer função representativa dos partidos e promove-se a sua exclusão da vida política. Como "organizações privadas", Oliveira Vianna só pode entender sua transformação em "órgãos exclusivos da formação dos poderes públicos" por um "equívoco", que deve ser sanado com urgência. É assim que a Constituição de 1937 se insurge contra os partidos e a agitação deles originada, e o Estado Novo patrioticamente deve dissolvê-los a fim de completar sua ação renovadora. A substituição dos partidos pode ocorrer pela instituição do Partido Único ou pela utilização do corporativismo, dois novos instrumentos de manifestação de interesses grupais ou de vontade geral. Oliveira Vianna pensa que é impossível o funcionamento do Partido Único no Brasil e, neste particular, não pode aceitar as proposições de Manoilesco. Reiteradamente mostra a falta de condições no Brasil para o Partido Único: não haveria uma mística legitimadora e ele evoluiria fatalmente para a oligarquia única, usufrutuária do poder e alvo de agitações permanentes.

Assim como o corporativismo toma o lugar do liberalismo no universo do pensamento de Oliveira Vianna, as corporações devem substituir os partidos. Excluída a possibilidade de implantação do Partido Único, restou a segunda alternativa, as corporações. "Dissolvidos os partidos múltiplos", escreve Oliveira Vianna, "e desaconselhável o Partido Único, só há uma orientação possível ao Estado Autoritário: procurar as fontes da democracia nas classes organizadas através dos seus órgãos mais legítimos de expressão: associações profissionais, instituições sociais e corporações de cultura". A vontade geral somente se mostra pela "organização associativa", tal é o resultado de suas especulações.

A obra *O idealismo da Constituição*, em cujas linhas gerais estamos nos baseando, apresenta-nos um dos aspectos fundamentais da concepção de Estado para Oliveira Vianna: excluindo o Partido Único, ele consagra o "Presidente Único". De um lado, utiliza o corporativismo como instrumento revelador dos interesses coletivos; de outro, transfere o centro da autoridade estatal do Partido Único para o "Presidente Único". Sobre este ponto, é bastante claro: precisamos do "Presidente Único", "que não divida com ninguém a sua autoridade", "em quem ninguém mande", "exercendo, em suma, o seu poder em nome da nação, só a ela subordinado e só dela dependente" (Oliveira Vianna, 1938a, p.295-296, 300-301; 1923, p.106, 109, 114; 1949, p.203-204, 342; 1939a, p.123, 191, 199, 201, 203-204). Aí está a essência do seu Estado Corporativo, que é também autoritário, nacional, moderno e até mesmo democrático, como veremos adiante.

Em síntese: sem povo, sem elite e sem partido, a sociedade, para Oliveira Vianna, não possui condições de autonomia nem canais para expressar sua vontade. Isto é deduzido da análise de seu pensamento. Um povo sem consciência política, uma elite utópica e partidos formados de clãs só podem retratar uma nação incapacitada de atuar sobre o Estado, fazendo de sua vontade a lei.

Oliveira Vianna e o Estado Corporativo

Cabe ao Estado representar a vontade geral, traduzindo os interesses sociais e subordinando à sua autoridade a nação impossibilitada de manter a liberdade. Ainda que o presidente exerça o poder em nome da nação e apenas dela dependa, está claro, no quadro esboçado por Oliveira Vianna, que ela só existe em função dele. A nação será organizada e dirigida de acordo com os ditames do Estado. E isto dá à sua concepção de Estado Corporativo uma posição ímpar no conjunto de seus estudos.

Uma primeira ideia deste Estado pode ser extraída do "Programa de Revisão da Constituição Federal de 1891", elaborado por solicitação de Juarez Távora em 1932. No programa, Oliveira Vianna discrimina uma série de medidas que bem caracterizam suas preocupações centralizadoras e autoritárias. Embora seu objetivo explícito fosse o restabelecimento do princípio da autoridade, pondo-o acima de todos os outros, Oliveira Vianna declara que a "nova Constituição" deveria ser "um novo sistema de meios com que espero possa a nação atingir os mesmos autos fins (ideais) de liberdade, igualdade e democracia". Ao lado disto, encontramos um conjunto de providências com a finalidade de reformar as instituições políticas.

Propõe a "organização descentralizada do país" em lugar de sua federalização, combate o "culto do Parlamento" e pede a extinção do Senado. Fazendo uma concessão ao sentimento das massas e das elites, "que ainda continuam" a considerar o Parlamento como "expressão simbólica da liberdade política", ele conserva a Câmara Federal, mas sugere a criação do "Conselho Nacional", de caráter vitalício, com a função de controlar e de coordenar os outros poderes, representante dos interesses gerais e "dotado de funções deliberativas, consultivas e judiciárias". Em seu "programa", Oliveira Vianna mantém o presidencialismo e aconselha a ampliação do mandato do presidente da República para sete anos. Defende a eleição indireta deste, propõe o voto censitário para todas as eleições que não sejam municipais e acaba estabelecendo a distinção entre capacidade de eleger e capacidade de ser eleito. Enumera muitas medidas administrativas, todas de cunho centralizador: reforma dos tribunais de contas, unificação da legislação de funcionários públicos, federalização da justiça, inclusive da eleitoral, controle estatal do ensino, reforma tributária favorável à União e revogação de mandatos legislativos.

O Estado passa a ser o único depositário do poder nacional e o poder público destinar-se-á a proteger os interesses gerais, harmonizando os objetivos e anulando os efeitos desagregadores dos particularismos. A atuação estatal será a responsável pela criação do sentimento coletivo no povo brasileiro, por meio da organização corporativa da sociedade. Tal ação reformadora, educando a massa, formará principalmente uma elite voltada para os interesses nacionais.

A supremacia do princípio de autoridade do Estado é uma ideia viva e permanente nos textos de Oliveira Vianna. O primeiro volume de *Populações meridionais do Brasil* é pródigo em exemplos valorizadores da ação estatal. Por exemplo: referindo-se ao problema da nacionalidade, ele encontra uma solução: "pela instituição de um Estado centralizado, com um governo nacional poderoso, dominador, unitário, incontrastável, provido de capacidades bastantes para realizar, na sua plenitude, os seus dois grandes objetivos capitais: a consolidação da nacionalidade e a organização de sua ordem legal". A centralização estatal explicava-se, portanto, pelos seus fins: a unidade nacional e a organização legal da nação. Para justificar a concentração do poder, Oliveira Vianna mostrava que ela era uma solução americana, já posta em prática pelos "reacionários audazes", "as maiores figuras da nossa história". Dentro de sua perspectiva, a defesa da centralização exige a coragem de contrapor-se às "ideias de liberdade, que clareiam com a sua alvorada o horizonte da política europeia e que aqui são como o próprio oxigênio da atmosfera mental".

A concepção do Estado Autoritário interfere constantemente na análise das questões colocadas por Oliveira Vianna, assim como a demonstração de sua necessidade começa sempre pela alusão à política dos conservadores do Império. Para ele, esse período é "a idade de ouro da nossa história política", uma vez que lá se instituiu o "governo forte". Parece-nos que, especialmente em *O idealismo da Constituição*, a ideia de Estado esboça-se com maior exatidão por conta da análise das modificações geradas pelo golpe de 10 de novembro de 1937. Oliveira Vianna reconhece que o golpe instituíra o Estado Autoritário e, ao examinar seus princípios e instituições, declara ter-se batido "por quase todos eles" em sua obra de publicista.

Pode-se fazer, sem dúvida, muitas aproximações entre suas posições e os preceitos da Constituição de 1937. O Estado Novo deprecia o Parlamento, concede poder excepcional ao presidente da República e transforma o Poder Executivo em órgão legislador. Tais medidas existem em escritos anteriores a esta fase e são de inteiro agrado de Oliveira Vianna. Aliás, aparecem em livros anteriores e em livros posteriores ao Estado Novo. Notemos, a título de exemplo, algumas referências contidas no segundo volume de *Instituições políticas brasileiras*, de 1949, e em *Problemas de organização e problemas de direção*, obra póstuma de 1952.

No primeiro trabalho mencionado, estuda a "técnica autoritária" e novamente chama a atenção para a maneira de realizar reformas: "Quando a mudança, que a nova lei exprime, ainda não manifestou nos costumes, mas significa uma atitude nova a ser tomada sob a ação de ditames legais ou cartas constitucionais, o meio de se conseguir do povo essa mudança seria fazê-la acompanhada de sanções penais; quer dizer: seria torná-la efetiva pela coação". Reitera assim sua doutrina centralizadora, e sustenta o "predomínio do Poder Central, da função legalizadora e unificadora" no Brasil. Como já aparecia em seu "Programa de revisão", no qual propunha a federalização da justiça para evitar interferências localistas, também aqui Oliveira Vianna ressalta a importância do Poder Judiciário na defesa da liberdade civil e da "verdadeira democracia" no nosso país.

Em *Problemas de organização e problemas de direção*, Oliveira Vianna confessa a pretensão de "formar a nação – e formá-la justamente pela organização centralizada do Estado e da economia". Para ele, como todos os estados modernos, as Constituições de 1934, de 1937 e de 1946 têm reagido contra o individualismo, privilegiando o grupo. O Estado deve organizar a nação: a "mística" da revitalização do Poder Central "se resumiria em restaurar, dentro do regime republicano, o grande programa legalizador e nacionalizador dos estadistas de tipo autoritário do período imperial".

Essa exposição mostra que a concepção de Estado mantém-se mais ou menos a mesma das primeiras às últimas obras de Oliveira Vianna. Ele mesmo declara que o "postulado da preeminência do princípio da autoridade sobre o princípio da liberdade" tem sido a ideia permanente de seus escritos de doutrina política (Oliveira Vianna, 1947, p.277, 279, 281, 284-285, 288, 290-297; 1938b, p.407-408; 1923, p.116-117, 195; 1939a, p.149, 171-173; 1949, p.117, p.159-160, 245; 1952b, p. 9, 30, 129, 131, 134).

A pesquisa dos textos, ainda que por vezes redundante, forneceu-nos a possibilidade de isolar um dos pontos fundamentais da organização do poder no Brasil, segundo Oliveira Vianna. Este ponto é a reiteração da necessidade de fortalecer o Poder Central, revestindo-o da máxima autoridade. Resta-nos examinar outro ponto também importante: os mecanismos de intervenção do Estado na sociedade. Aqui o Estado Autoritário transforma-se em Estado Corporativo.

O corporativismo representa um instrumento de organização e controle da sociedade, significando no nível da história brasileira um componente responsável pela legitimação do crescimento e domínio da burocracia estatal após 1930. As ideias corporativistas acentuam-se na obra de Oliveira Vianna no momento em que o presidente da República vinha ganhando mais força e a incipiente administração pública já apresentava um crescimento significativo, expandindo-se ainda mais com a Revolução de 1930. Por isto, mesmo antes do advento desta, constatamos alusões ao Estado Corporativo, em especial no livro *Problemas de política objetiva*. Sustenta que os "grandes povos modernos" despojaram seus partidos do cunho tradicional de defender princípios gerais de doutrina política; ao contrário, o que eles possuem são "partidos de classes" porque procuram representar os interesses das classes em que se apoiam. Restringindo-se ao caráter simplesmente profissional, "sem objetivos de luta ou de conquista política", as "organizações de classe" são excelentes instrumentos para os membros do governo: "nestas organizações profissionais é que eles, sejam legisladores ou sejam administradores, encontram as fontes de informação mais seguras dos interesses coletivos". Isto quer dizer que nenhum estadista pode prescindir do conhecimento do "técnico", do "prático" ou do "entendido do negócio".

Embora preocupado com a transferência destes "novos sistemas de governo" para o Brasil, que poderia rejeitá-los, Oliveira Vianna lança-se à tarefa de superar um anacronismo: "nossa obra administrativa evolve dentro de um sistema de dissociação entre a classe política, que representa o governo, e as outras classes que representam o povo". Era necessário, portanto, criar um elemento mediador entre governo e povo. Tal elemento são as "organizações de classe". O "Programa de revisão da Constituição Federal de 1891" destaca um aspecto fundamental na discussão do tema: a necessidade de intervenção do Estado a fim de solucionar equitativamente os conflitos entre o capital e o trabalho. Notaremos que esta questão ressurgirá invariavelmente nos escritos de Oliveira Vianna, de modo especial durante a organização da Justiça do Trabalho.

A promulgação da Constituição de 1937 dará a oportunidade para ele expor mais claramente suas proposições corporativistas. Comentando-as, logo se dirige à nova organização dos poderes públicos federais, dos quais ressalta a presidência da República e o Conselho da Economia Nacional, de tipo corporativo e técnico. Eram uma inovação os poderes concedidos a este Conselho, seja em matéria de elaboração de normas de caráter regulamentar, obrigatórias se aprovadas pelo presidente, seja em razão das atribuições propriamente legislativas sobre o setor econômico, desde que houvesse outorga plebiscitária. O simples fato de vir a perder a competência legislativa sobre a economia para o Conselho da Economia Nacional coloca o Parlamento em situação subalterna no quadro dos poderes políticos brasileiros, enquanto o Conselho "começará a avultar e acabará, naturalmente, tomando lugar no primeiro plano no quadro dos órgãos representativos".

O ideal corporativista de Oliveira Vianna leva-o a descobrir na Constituição de 1937 aqueles pontos relacionados com o "governo forte" e com a substituição das assembleias políticas de composição partidária, pelas corporações profissionais de base e inspiração econômicas ou culturais. Do ponto de vista de Oliveira Vianna, consumava-se o aniquilamento dos clãs, desintegrados pela ação corporativa. Ele não duvidava das vantagens da "organização associativa", a única "técnica" capaz de revelar a vontade geral. Por isto, afirmava: "a expansão crescente das organizações corporativas no mundo não é senão o processo que as modernas democracias estão empregando para substituir e refundir o seu clássico sistema de fontes da opinião, descolando-as das velhas instituições partidárias, já esgotadas e inexpressivas, para as instituições profissionais e corporativas".

O Estado configura-se como uma organização posta a serviço da coletividade e, para atendê-la, ele deve ir buscar os interesses dos grupos que a compõem. São, pois, os grupos da nação que revelam o interesse coletivo por meio de "suas instituições representativas: associações, sindicatos, corporações, igrejas, congregações, comitês, ligas etc.". Longe das intervenções partidárias, o governo deve buscar informação nestes grupos, demonstrando que, "numa democracia sem partidos", eles são as "fontes legítimas da opinião democrática". A implantação da organização das classes não deve ser rápida, segundo Oliveira Vianna. Começando pelos municípios, passará depois aos estados, até atingir a nação. Só então, consumada a organização profissional das classes, haverá condições para a sua representação política.

A estrutura corporativa permite a descentralização funcional, que se fundamenta na atividade de "um sem-número de para ou infrainstituições administrativas", na sua maioria de natureza corporativista. Estas corporações administrativas caracterizam-se pela "complexidade dos poderes, de que são investidas", tendo poderes legislativos, executivos e judiciais. Em *Problemas de direito sindical*, Oliveira Vianna esclarece certos aspectos do Estado Corporativo. Por exemplo: mostra-nos que a organização corporativa pode ter ou não base sindical e que, neste particular, a Constituição de 1937 montou a estrutura corporativa sobre a subestrutura sindical. Há, no entanto, uma distinção entre a ordem sindical e a ordem corporativa, mas a organização do Estado Novo pretendeu partir da primeira para chegar à segunda. Das formas de controle dos interesses da coletividade, Oliveira Vianna considera o corporativismo como a solução mais aperfeiçoada, "adotada progressivamente pelo Estado Moderno em todos os povos civilizados".

Assumindo os princípios consagrados pela Constituição de 1937, em matéria de organização das classes, define o direito de representação profissional como um mandato oferecido pelo Estado, que este pode revogar a qualquer momento, "voltando a associação à sua condição primitiva – de associação de direito privado, já agora reintegrada na sua autonomia e livre da interferência do Estado". Mas para possuir capacidade de representação, a associação deve passar pelo controle estatal e este variará de acordo com as atribuições conferidas a ela. Notemos, portanto, que não são todos os grupos sociais que se transformam em órgãos representativos de opinião. São apenas aqueles que, submetidos ao Estado, cumprem suas determinações. Assim, é o Estado que cria suas fontes de opinião e escolhe quais os interesses merecedores de acolhida e proteção. De novo, reaparece aqui a ideia de que o Estado gera a nação.

Admitida a organização sindical como o primeiro passo para a futura organização corporativa da economia, as intervenções estatais nos sindicatos justificam-se ao menos em função de tais objetivos. Por isto, segundo Oliveira Vianna, a construção de uma organização corporativa exige que as empresas sejam o centro do sistema sindical, tendo em vista o "papel proeminente e essencial" que terão de exercer, futuramente, perante a nação.

Pondo de lado as observações de Oliveira Vianna referentes ao Estado Novo, é importante considerar o que ele vê de revolucionário no corporativismo. A organização corporativa transforma a mentalidade operária, desintegrando-lhe o "espírito antipatronal" e o "sentimento de inferioridade", porque coloca "no mesmo pé de igualdade o patrão e o empregado". O igualitarismo corporativista é uma solução extremamente louvada por Oliveira Vianna: no passado, diz-nos, o operário jamais pensou em vir a figurar nas camadas dirigentes, ao passo que agora, "sem deixar de ser um operário", coloca-se no mesmo nível das classes superiores. Tal é "o milagre desses novos tempos, dos sistemas paritários, dos regimes corporativos, que aboliram as distâncias sociais". Criou-se desta maneira uma forma mais elevada de convivência entre patrões e empregados, "sem abalar os fundamentos da tradicional estrutura econômica das sociedades capitalistas". Ao mesmo tempo, impossibilitou-se a manifestação de antagonismos de classes por meio da "aproximação delas nos tribunais paritários da justiça social, nos conselhos corporativos das nossas instituições de previdência, nas assembleias políticas da representação nacional".

Parece-nos que *Problemas de organização e problemas de direção* apresenta um dos momentos mais ricos em aspectos doutrinários do corporativismo. Nele encontramos uma das mais claras elaborações da concepção de Estado Corporativo: "um entendimento – direto, cotidiano, constante, íntimo – entre os poderes públicos e os delegados de todas as atividades principais da economia do país: concilia-se, assim, a autonomia da vida econômica do povo com a unidade da sua direção, isto é, com a política econômica da nação". Apesar de referir-se a uma colaboração direta entre os órgãos estatais e os representantes da produção, o Estado Corporativo dirige-se, cada vez mais, "para as formas indiretas de controle e disciplina por meio da técnica de duas instituições novas e características": as autarquias administrativas e as instituições corporativas.

O Estado Corporativo de Oliveira Vianna possui inúmeros setores em que pode imprimir transformações; destes setores, as atividades produtoras têm interesse especial, porque aí "o Estado pode coordenar, transformar, prover e orientar", realizando assim importante obra educadora (Oliveira Vianna, 1947, p.141, 172, 200, 202-203, 296; 1939, p.128-129, 140-141, 161, 167-169, 176-177, 211-214, 259; 1938, p.51, 52, 58; 1943, p.25, 108-109, 114-115, 125-126; 1943, p.206-207; 1943, p.241; 1951, p.35, 36, 44-45, 54-55; 1952b, p.59, 61- 62, 159). Estes aspectos doutrinários do corporativismo significam um esforço no sentido de fornecer subsídios para uma situação crítica da sociedade brasileira da época. Não têm, no entanto, a organização de um sistema teórico.

A sua concepção de Estado Corporativo, mesmo definindo a ordenação da nação por meio de corporações, sob a égide do princípio da autoridade, apresenta inúmeras lacunas e variações.

Por exemplo: fala da representação de profissões e não de funções; não esclarece se as corporações serão só econômicas ou atingirão futuramente os setores não econômicos também. Afinal, aderindo às reformas do Estado Novo, parece que seu corporativismo pressupõe uma base sindical, embora a organização dos sindicatos montada neste período nunca tenha alcançado o nível de funcionamento corporativo. O que se viu foi o Estado criando autarquias ou integrando algumas associações submissas aos seus critérios, expressos na reorganização sindical.

As atividades desenvolvidas por Oliveira Vianna, quanto ao corporativismo, visaram à organização da Justiça do Trabalho e alguns setores da organização sindical, únicas tentativas de realização de seu Estado Corporativo. De fato, no conjunto de sua obra, ressaltam-se dois trabalhos sobre estes assuntos. No que diz respeito à questão sindical, *Problemas de direito sindical* traz certos pontos de vista que denunciam a preocupação com a futura organização corporativista. Oliveira Vianna, além de mostrar o papel tutelar, educativo e assistencial, destaca "seu futuro e grande papel na esfera da política e da administração pública": é por intermédio dos sindicatos "que as nossas classes econômicas, as empregadoras e as empregadas, irão efetivamente participar do Estado, penetrar os seus conselhos e corporações e neles realizar a afirmação democrática da sua vontade e dos seus interesses". Ele partia da unidade da categoria profissional para explicar a unidade de representação sindical, porque, sendo ela una do ponto de vista socioeconômico, deverá manter-se assim do ponto de vista político-representativo. "O mote da nossa organização profissional, escreve Oliveira Vianna, não pode ser o sindicato livre na profissão organizada – e sim: o sindicato uno na profissão organizada." O papel desempenhado pelos sindicatos não tem importância somente por causa da integração das classes produtoras no Estado; eles assumem uma função pedagógica no sentido de educar os componentes das categorias sindicalizadas na prática da solidariedade social. Para Oliveira Vianna, os sindicatos funcionam como formadores da elite administrativa porque, como menciona no "Parecer sobre as sugestões encaminhadas pela Confederação Nacional da Indústria", "a melhor escola para formação destes técnicos é justamente a passagem pelos quadros da alta administração das associações sindicais".

Na realidade, a organização sindical proposta por Oliveira Vianna sustenta-se no sindicato único, nascendo, vivendo e morrendo por vontade do Ministério do Trabalho. As associações profissionais normalmente poderão adquirir personalidade jurídica, mas nem todas terão o direito de representação das categorias, porque esta investidura requer o despojamento de "certa porção da autonomia assegurada às associações profissionais em geral". Oliveira Vianna não é favorável à transformação dos sindicatos brasileiros em pessoas de direito público, isto é, em órgãos estatais. Prefere que tenham apenas funções de direito público e sejam responsáveis pelo seu exercício até o limite da cassação de sua representatividade. Concebendo um sindicalismo "profissional, corporativo e cristão", despreocupado com a reforma social, Oliveira Vianna valoriza ainda a separação entre sindicatos e partidos. A finalidade básica do nosso sindicalismo é a organização do povo, pois os sindicatos "representam, na verdade, como dizia Brandeis, verdadeiras democracias em miniatura, vivas e ativas, e tão conscientes dos seus interesses comuns, como as do povo sutil que enchia a ágora das pequenas comunidades helênicas". Tendo, portanto, a finalidade de ser o fator imprescindível à organização da sociedade, sobre o qual se elevarão as corporações, os sindicatos recebem atribuições importantes, como o "poder regulamentar" e o "poder tributário". Estes dois poderes são faculdades do Estado, cedidas por delegação às associações profissionais (Oliveira Vianna, 1943, p.XI-XII, 16-17, 46, 51, 59, 61, 188-189, 205, 209-211, 255-256; 1938c, p.209; 1951, p.81-84, 86).

Se Oliveira Vianna concedia capacidade regulamentadora ao sindicato, revestindo-o já de um traço corporativo, com relação à

Justiça do Trabalho a questão torna-se mais aguda. Desejava que os tribunais do trabalho tivessem competência normativa porque "aparecem como tribunais *sui generis*, com funções específicas que, de modo algum, podem caber na competência dos tribunais da justiça comum". O poder normativo decorre, segundo ele, da existência de desajustamentos econômicos geradores de conflitos de trabalho. Tais conflitos derivam de uma situação geral de desequilíbrios econômicos e de desníveis sociais, devendo ser corrigidos "por uma norma geral e única".

As características da Justiça do Trabalho são bastante específicas, constituindo-se por órgãos de natureza corporativa e técnica, e possuindo competência sobre conflitos coletivos de caráter econômico. Tivemos a impressão de que os documentos referentes à organização da Justiça do Trabalho, elaborados sob a direção de Oliveira Vianna, poderiam fornecer-nos subsídios para compreender o seu pensamento corporativista. No "Anteprojeto de organização da Justiça do Trabalho", feito segundo os preceitos da Constituição de 1834, e no "Projeto de Lei Orgânica da Justiça do Trabalho, apresentado ao Ministro Waldemar Falcão", assim como em sua "Exposição de motivos", ambos enquadrados na Constituição de 1937, encontramos importantes manifestações corporativas, talvez as mais efetivas de quantas pretendeu Oliveira Vianna. Tanto as Comissões de Conciliação e Julgamento quanto os Tribunais Regionais do Trabalho e o Tribunal Nacional do Trabalho se formam de vogais dos empregadores e de vogais dos empregados, sob a presidência de um especialista em direito social, desvinculado dos interesses de ambos os grupos.

Com o regime de 1937, a Justiça do Trabalho continuou paritária, sofrendo as alterações seguintes: os presidentes das juntas de conciliação e julgamento passaram a ser juízes, enquanto os dos Tribunais Regionais do Trabalho e do Tribunal Nacional do Trabalho são, respectivamente, desembargadores e ministro do Supremo Tribunal Federal, nomeados pelo presidente da República. A Justiça do Trabalho é inicialmente conciliadora, e o juízo torna-se árbitro se as partes não chegarem a um acordo. Por meio desta Justiça expressa-se o cunho centralizador do Estado, como aparece na "Exposição de motivos": "é claro que tudo aconselhava a centralizar a atividade processual dos tribunais do trabalho, num órgão unipessoal e não na sua expressão colegiada". A experiência corporativa não conseguiu fugir à preocupação intervencionista. Isto explica "as consideráveis atribuições concebidas aos presidentes dos tribunais, que passaram a ser os agentes de propulsão de todo o mecanismo judiciário do trabalho, ficando os vogais limitados às funções julgadoras" (Oliveira Vianna, 1938c, p.34, 89, 100, 105, 181, 184-185, 190, 192-193, 242-243, 248- 249, 251, 292-293). Sem dúvida, este é o retrato de uma das maiores concretizações corporativas em nosso país, e a impressão que ela nos dá é que exatamente o colegiado fica desprovido de poder, favorecendo o representante estatal. O corporativismo de Oliveira Vianna não passou, portanto, de componente do Estado, funcionando em seu nome como um elemento de mediação entre ele e a sociedade.

Em determinadas passagens da obra de Oliveira Vianna surgem sugestões de implantação de conselhos técnicos no Brasil. Por vezes são vinculadas às proposições corporativistas, dando-nos a ideia de que estes elementos estão intrinsecamente unidos. A participação das classes no Estado, de acordo com Oliveira Vianna, poderia ocorrer por meio dos conselhos técnicos, "pequenas corporações profissionais" muito mais ativas que a "poderosa estrutura sindicalista". Os conselhos têm uma "representação de competência e não de interesses", possuindo condições de atuar como órgão de consulta, mais eficientemente que o Parlamento composto de representantes profissionais. Propõe mesmo que os conselhos técnicos, além dos consultivos, recebam "uma espécie de autonomia na administração e direção de sua própria vida". Os pareceres, as sugestões e os anteprojetos feitos pelos conselhos técnicos para uso dos poderes públicos exigem a participação de "competências", "especialistas" e de "técnicos", escolhidos "nas esferas da alta administração", "nos centros de cultura especializada" e "principalmente no seio das associações de classe" (Oliveira Vianna, 1939a, p.266-268; 1947, p.208).

Embora Oliveira Vianna tenha apresentado vários exemplos de conselhos técnicos, não podemos dizer que na maioria deles tenha sido preponderante o traço corporativo. Estes conselhos tornaram-se mais comuns à medida que a administração pública se desenvolvia e acentuava sua intervenção em vários setores da nação, especialmente na economia.

Oliveira Vianna: Estado Corporativo e democracia corporativa

Loewenstein, estudando o Estado Autoritário, diz que se "refere mais à estrutura governamental do que à ordem social". O autoritarismo, para ele, "satisfaz-se com o controle político do Estado sem pretender dominar a totalidade da vida socioeconômica da comunidade, ou determinar sua atitude espiritual de acordo com sua própria imagem" (Loewenstein, 1970, p.76). Franz Neumann igualmente contribui para o conhecimento deste tipo de Estado ao examinar a ditadura, embora seu conceito de "ditadura totalitária" chegue a confundir totalitarismo e autoritarismo (Neumann, 1969, p.257, 260).

A concepção de estado corporativo de Oliveira Vianna é uma face do Estado Autoritário. Aliás, ambos aparecem também sob a denominação Estado Moderno, Estado Nacional e Estado Democrático. Mas qualquer que seja o seu nome, o Estado de Oliveira Vianna baseia-se no máximo fortalecimento do Poder Executivo que representa a autoridade. Este poder não se utiliza de sistema partidário ou mesmo de partido único, nem ainda possui ideologia definida.

Oliveira Vianna concebe o Estado de modo estático, como organização ou estrutura. Sob tal perspectiva, a administração pública e também as formações corporativas aparecem como expressão estatal, sem caráter político. Partindo da incapacidade do povo brasileiro, do utopismo da elite e da desfiguração partidária pela ação dos clãs eleitorais criaram-se condições para que o Estado tivesse de reorganizar a nação e dar-lhe uma direção. É assim que Oliveira Vianna procura ordenar o poder no Brasil, defendendo o domínio do Executivo e prestigiando a contribuição do Judiciário. O Poder Legislativo coloca-se bem abaixo, passando da atividade política para um trabalho meramente técnico. Os mecanismos de intervenção estatal na sociedade são aperfeiçoados pela descentralização funcional baseada no corporativismo.

A ação corporativa tem sua base na organização sindical, na justiça trabalhista e nos conselhos técnicos. O funcionamento destas novas instituições não só dará origem a uma elite administrativa capacitada como ainda organizará as classes, tornando viável a democracia no Brasil. O corporativismo, segundo a concepção de Oliveira Vianna, representa uma forma de controle indireto e um eficiente instrumento de disciplina. Por meio dele, limita-se a participação no Estado aos setores interessados, superando-se os possíveis conflitos sociais. Portanto, o centro de toda autoridade, o presidente da República, eleito indiretamente por um selecionado corpo eleitoral, será auxiliado em suas decisões pela capacidade da elite administrativa treinada nas organizações corporativas então existentes: os sindicatos, a Justiça do Trabalho e os conselhos técnicos. Está claro que essa concepção de Estado Corporativo não chegou a realizar-se em virtude das próprias condições históricas, e tudo o que se constata na época, em termos de organização corporativa, não é senão o primeiro passo frustrado, dado especialmente pela Constituição de 1937, visando atingi-lo.

A discussão dos fins do Estado Corporativo proposto por Oliveira Vianna esclarece o caráter real desta administração apolítica, meramente corporativa e técnica. A crise aberta em 1930 obrigou o Estado brasileiro a assumir novas funções de prestação de serviços. Tais funções não impedem, porém, que ele continue a ser a fonte do poder. Na realidade, demonstram apenas um esforço a mais para manter a ordem social. A modernização do Estado por meio das inovações corporativas não significa, como quer Oliveira Vianna, que ele se transformou para servir unicamente à nação, mantendo sua unidade e organizando-a legalmente. Debaixo desse aspecto serviçal, o Estado Corporativo continua a conservar a mesma ordem na sociedade, sua maior razão de existir.

Guiados pelas conclusões dos outros capítulos, levantamos nos textos os componentes da concepção de Estado Corporativo de Oliveira Vianna, enfeixando as observações anteriores numa tentativa de interpretá-lo. Deste modo, poderemos apontar a conclusão do capítulo.

Já notamos que, no universo do pensamento de Oliveira Vianna, as corporações funcionam como mediação entre o país real e o país legal, isto é, entre a nação e o Estado. Essas corporações tinham a finalidade de organizar a massa e aprimorar o funcionamento da administração, de que faziam parte. Como elaboração intelectual, representam um momento ideológico da transformação do Estado que, para manter a mesma ordem social, passa a ampliar sua área de prestação de serviços à nação.

As corporações, como são concebidas por Oliveira Vianna, atuam como representantes do Estado perante as relações de classes. À medida que são elementos integrantes deste, o Estado aparece como mediador dos conflitos entre as classes sociais. E ainda mais: com o novo direito social emanado das corporações, que podem baixar normas obrigatórias e gerais para o setor da produção, elas legitimam o uso da força estatal principalmente nas questões econômicas, além de transformarem o Estado no grande realizador da "paz social". Desta maneira, as corporações e seu direito corporativo nada mais são que fatores de legitimação da ação estatal, que articula a nação de cima para baixo, segundo a força de sua autoridade.

Esboçado este quadro, resta saber qual a finalidade do Estado Corporativo de Oliveira Vianna, dentro de sua visão modernizadora do Brasil. Ele visa, antes de tudo, à implantação da "democracia corporativa", que não repousa no individualismo do cidadão mas por "membro desta ou daquela corporação" (Oliveira Vianna, 1939a, p.218).

Em síntese: para Oliveira Vianna, o Estado Corporativo fará nascer a democracia, ou seja, o verdadeiro regime democrático brasileiro surgirá da ditadura que é, na acepção de Franz Neumann, o domínio e o monopólio do poder por uma pessoa ou por um grupo a fim de exercê-lo sem restrições (Neumann, 1969, p.257). As corporações serão a base deste regime em nosso país, e assim no pensamento de Oliveira Vianna o princípio da autoridade dará origem à liberdade da nação.

Conclusão
A Revolução Conservadora

1.

Atingimos o fim de nosso exame da concepção de Estado Corporativo de Oliveira Vianna. Optamos pela análise de um dos elementos da sua obra, talvez o principal, que nos permitiu determinar também a sua posição dentro do pensamento político brasileiro.

Interessamo-nos durante o trabalho em fixar a situação de seu Estado Corporativo, tanto em face da doutrina estrangeira do corporativismo quanto das tendências desta natureza aqui dominantes em sua época. Conseguimos assim descobrir o conteúdo dos princípios gerais existentes em seus escritos e ainda as relações orgânicas de sua concepção de Estado Corporativo.

Queremos agora ajuntar as afirmações dos capítulos anteriores numa síntese, e, para isto, teremos de passar por várias fases, a fim de que a exposição seja clara e mostre os objetivos desta monografia. Devemos dizer que as conclusões dos capítulos apresentados, embora nos sejam extremamente úteis, significam apenas orientações para uma proposição final.

2.

A – *A conclusão do capítulo sobre "A gênese"* evidencia o papel de mediação das corporações na concepção estudada. Separado o *país real* do *país legal* pela ação utópica do liberalismo, cabe às corporações a função de uni-los, sob a direção de um Estado forte, que submete a liberdade ao princípio de autoridade. Tal operação só se tornou possível graças à concepção realista do mundo, exposta nos textos de Oliveira Vianna, em cujo universo o ecletismo é traço dominante.

B – *A conclusão do capítulo sobre "A situação"* remete-nos à inserção do Estado Corporativo de Oliveira Vianna no contexto cultural brasileiro no período. Trilhando os caminhos abertos pelo pensamento nacionalista de Alberto Torres, apesar das suas diferenças, Oliveira Vianna insiste no Estado Autoritário, que deve dirigir uma nação organizada segundo os preceitos do corporativismo. Constatamos que, para os adeptos do nacionalismo e do Estado Autoritário, as referências aos princípios corporativos não eram mais que simples utilizações esparsas e circunstâncias deste ideário.

O corporativismo de Oliveira Vianna é um *momento ideológico* da crise do Estado. Representa nova etapa na criação do Estado Nacional que substituiria o Estado Liberal. No nível histórico, significa um momento de transformação da administração estatal, que vai se tornando volumosa, centralizadora e intervencionista, tendo já uma elite participante das decisões governamentais. A administração pública deveria, segundo Oliveira Vianna, assessorar o presidente da República, a fim de que ele articule a nação de cima para baixo. Em suma: o papel de mediador das corporações reduz-se à legitimação do domínio do Estado sobre a sociedade, por meio de uma administração pública eficiente, da qual elas fazem parte.

C – *A conclusão do capítulo sobre "A concepção de Estado Corporativo"* mostra-nos que a finalidade deste no pensamento de Oliveira Vianna é a concretização da "democracia corporativa", que substitui o individualismo da liberal-democracia pela integração do cidadão na corporação. Para modernizar-se, o Brasil deveria possuir um Estado Autoritário em que as corporações fossem a base do regime democrático.

3.

Poderemos extrair, do universo do pensamento de Oliveira Vianna, as *conclusões gerais e finais*, ou seja, aquelas a que se visava desde o início do estudo. A nossa análise permite-nos fazer algumas afirmações a respeito da concepção de Estado Corporativo de Oliveira Vianna:

A – *O Estado Corporativo é, para ele, um Estado Democrático*. Unicamente a democracia corporativa fornece possibilidade aos cidadãos para uma "expressão integral" dos seus interesses e aspirações. Ela transforma os grupos profissionais e culturais em fonte de opinião democrática. Num país onde a democracia nunca se efetivou, o "governo do povo pelo povo" só poderá existir por meio da "capacidade de nossas classes produtoras de organizarem-se profissionalmente". Trata-se, pois, de um tipo especial de democracia que não se confunde, segundo Oliveira Vianna, com a "democracia social", "orientada no sentido do socialismo e da luta de classes". Ao contrário, a democracia corporativa fundamenta-

-se nos "grupos" ou "corpos", e é essencialmente harmonizadora. Excluindo os partidos, as eleições e o voto, ela é o "governo da opinião", expressa-se por meio das corporações.

Supera-se assim o projeto de realizar no Brasil uma democracia baseada nos "indivíduos dissociados", desvinculados das classes organizadas, usufrutuária de uma situação em que os cidadãos aparecem como "átomos" sem afinidades, incapazes de formarem "organizações poderosas". Tal democracia inspirada nos ideais da Revolução Francesa deve substituir-se pela democracia oriunda das "classes organizadas", que conceda a todos os cidadãos uma participação igual na "direção dos negócios públicos". O caminho a seguir, de acordo com Oliveira Vianna, é desenvolver as organizações corporativas, intensificando as suas atividades "consultivas e pré-legislativas", a fim de difundir e sistematizar "a praxe da sua consulta da parte dos poderes públicos".

Acompanhando o seu raciocínio, podemos distinguir então dois tipos de democratas: de um lado, os democratas liberais que pretendem desligar os grupos da máquina estatal, configurando-os como associações privadas; de outro, os democratas corporativos ou autoritários que querem integrá-los e submetê-los ao Estado. Oliveira Vianna estabelece ainda uma outra questão teórica: a democracia corporativa é também uma democracia autoritária, e neste caso deve-se evitar a própria denominação "Estado Autoritário". Em outras palavras: ele prefere usar a expressão "democracia autoritária" criada por Goebbels, já que o "Estado Autoritário" é um pleonasmo, pois o conceito de Estado pressupõe a ideia de autoridade. A inovação está em que a democracia autoritária baseia-se na autoridade e não na liberdade, como princípio essencial.

Democracia corporativa ou autoritária, ela é também nacional porque necessita expressar os interesses vitais da nacionalidade, voltando-se para a nossa unidade política. A urgência da construção da democracia no Brasil, para Oliveira Vianna, decorre da exigência de garantir-se a liberdade civil o mais rapidamente possível ao "povo massa", em especial contra autoridades locais. Devemos esquecer o projeto da generalização do sufrágio no Brasil. A questão central da democracia brasileira não é o sufrágio, mas a garantia da liberdade civil ao povo, "contra o arbítrio dos que 'estão de cima'" (Oliveira Vianna, 1939c, p.149, 213, 217-231, 248; 1947, p.138-139, 225; 1943, p.9-10; 1952b, p.134--135; 1949, p.211-212, 228, 231-232, 242). Constitui, portanto, permanente preocupação para Oliveira Vianna a implantação da democracia, entendida como "organização social e política, cuja característica principal é a participação coletiva" (Bresciani, 1973, p.633), por meio da corporação que dá aos cidadãos a consciência da união em torno de um interesse comum da classe. Esta democracia concretizará a verdadeira liberdade civil.

B – *O Estado Corporativo introduz, para ele, o tipo de liberdade de que o Brasil precisa*. Interessado em instaurar a plenitude da participação coletiva por meio da ordem corporativa, Oliveira Vianna dirige-se, antes de tudo, para a organização da autoridade, sobrepondo-a à organização da liberdade. No entanto, não podemos dizer que ele não via o indivíduo e seus direitos. Como acontece com Alberto Torres, Oliveira Vianna enfrenta a questão dos privilégios do cidadão, mas "do ponto de vista da nação".

Diferenciando-se da posição liberal que transformou o problema da liberdade na conquista da liberdade política no Brasil, o que ele deseja é a efetivação da liberdade civil. Embora admitindo a possibilidade de existir "um regime de perfeita liberdade civil sem que o povo tenha a menor parcela de liberdade política", Oliveira Vianna não parece pretender tal situação definitivamente para o nosso país. A plenitude da liberdade civil é somente "condição preliminar" para um futuro regime de liberdade política. Por isto, o papel do Poder Judiciário passa a ser fundamental para a realização da nossa democracia. Conforme Oliveira Vianna, a inexistência de liberdade civil e de liberdade política no Brasil origina-se principalmente das deficiências da organização da justiça.

Todo o seu empenho, portanto, se orienta para a sustentação da liberdade civil, especialmente no que se relaciona com o combate da política de clãs. A democracia corporativa ou autoritária filia-se aos princípios da liberdade controlada, que se coadunam com as condições da realidade brasileira. A nossa sociedade não está preparada para ultrapassar a fase da liberdade civil, e por isto Oliveira Vianna não encontra motivos convincentes para conceder ao cidadão brasileiro a liberdade política. De acordo com sua concepção de Estado Corporativo, tais liberdades não estão em questão, ficando assim relegadas a uma fase posterior da evolução do nosso povo (Oliveira Vianna, 1939a, p.157; 1947, p.87-89, 98; 1943, p.161; 1949, p.237). O Estado Corporativo de Oliveira Vianna consagra unicamente a liberdade civil, deixando à sua elite toda a extensão do campo político.

C – *O Estado Corporativo, segundo ele, age revolucionariamente ao pôr em prática a democracia corporativa e a liberdade civil*. Oliveira Vianna integra-se no pensamento revisionista de Alberto Torres, que visa dar ao Brasil uma direção e uma organização adequadas aos objetivos nacionais. Concentrando quase toda a sua pesquisa no exame da nossa situação, quer reformular a "técnica liberal" que desconhece o país. Interessa-se então pela "técnica autoritária", acreditando que a partir dela atenderá aos dois objetivos essenciais da nossa modernização: a unidade nacional e a organização legal. Segundo a perspectiva de Oliveira Vianna, a realização de tais objetivos nos colocaria no mesmo estágio de evolução das "grandes nações". E assim, ao lado dos "processos normais de evolução" da sociedade, atribui à ação consciente e programada do Estado a responsabilidade pelas suas transformações fundamentais. Cabe ao Estado Corporativo a criação de um novo regime político, tomando como ponto de partida os aspectos sociais e econômicos de nosso povo e só considerando secundariamente as questões políticas e constitucionais.

A concretização da democracia corporativa e da liberdade civil é o primeiro passo da ação revolucionária do Estado, por significar as mais profundas alterações da vida socioeconômica, no entender de Oliveira Vianna. Desta maneira, ele rompe inteiramente com a praxe liberal de tentar modificações da sociedade por meio de simples mudanças das instituições de direito público, e introduz mutações revolucionárias condicionadas à tradição conservadora brasileira, nascida no Império e presente nos atos de Getulio Vargas, depois da Revolução de 1930.

D – *O Estado Corporativo é uma das mais expressivas manifestações da ideologia da revolução conservadora*. Oliveira Vianna faz parte do princípio de que as revoluções populares são completamente inviáveis no Brasil, seja pela desorganização do povo, seja em face do idealismo utópico das nossas elites. Quando elas irrompem, são sempre arruaças e correrias da ralé ou simples motins militares. A proposta de Oliveira Vianna apoia-se em reformas modernizantes realizadas por via autoritária, isto é, por meio do Estado Corporativo. O seu conservadorismo, portanto, não se refere à simples manutenção do *status quo*, objetivando defender a imutabilidade da ordem social. Mesmo levando em conta os reiterados elogios aos líderes conservadores do Império, devemos considerar sua atitude crítica com relação às nossas instituições sociopolíticas tradicionais, solicitando a todo momento reformas por meio da iniciativa e do poder estatais.

Oliveira Vianna visa revolucionar a vida social e política brasileira, guardando aqueles elementos mais importantes da tradição nacionalista autoritária. Ou seja: o seu projeto de mudança não pretende qualquer ruptura na sociedade. O Estado Corporativo representa um tipo de revolução realizada a partir de dentro do poder e, por isso mesmo, é restrita às próprias instituições estatais. Daí se explica o motivo por que Oliveira Vianna destaca o corporativismo administrativo. Os fins da sua revolução conservadora seriam o estabelecimento da democracia corporativa e da liberdade civil, esgotando-se a ação revolucionária no nível da superestrutura.

O Estado Corporativo de Oliveira Vianna é uma força econômica e um elemento mediador nas relações de classes, ao ser o principal fator de modernização da economia capitalista brasileira e o primeiro responsável pela harmonia entre o capital e o trabalho. Em suma, a sua revolução conservadora é um tipo de "revolução burguesa retardada", na qual são temas comuns o nacionalismo autoritário e antiliberal, a organização do povo, a educação das elites e a liberdade controlada pelo autoritarismo.

E – *O Estado Corporativo para ele, como elemento da revolução conservadora, é uma das respostas intelectuais e políticas à crise do Estado Liberal.* Oliveira Vianna é um pensador da crise do Estado Liberal e toda a sua obra sistematicamente repete o projeto da substituição deste tipo de Estado. Jarbas Medeiros (1974, p.41) rejeita com propriedade a dicotomia entre sociedade brasileira e liberalismo, ponto central do pensamento de Oliveira Vianna.

Inicialmente, mostra que as suas objeções ao direito público das elites dirigiram-se apenas ao direito constitucional da liberal--democracia, não atingindo o direito penal, que fundamenta a repressão social e a manutenção da ordem pública, nem o direito privado, que regula as relações de propriedade. Fica claro que Oliveira Vianna concorda com eles, achando-os adequados às condições sociais brasileiras. Em seguida, Jarbas Medeiros demonstra que "não teria ocorrido esta contradição absoluta, tal como ele exprime, entre 'elites cosmopolitas liberais' e o 'povo massa' dos latifúndios sertanejos", ao menos no nível da participação passiva destes. Tanto as elites quanto os clãs latifundiários serviram-se do nosso liberalismo, de base escravagista. O liberalismo brasileiro foi utilizado tanto pelo *país legal* quanto pelo *país real*, conforme se comprova pelo revezamento de conservadores e liberais no poder do Império, sem que se alterassem as instituições. Ao contrário, às vezes um realizava a medida proposta pelo outro, e ambos tiravam proveito da mesma legislação resultante de qualquer dos lados.

Desconhecendo nossa condição colonial, Oliveira Vianna quer acabar com o mimetismo ideológico, atribuindo ao liberalismo a responsabilidade de iludir nossa elite, levando-a a desconhecer a realidade nacional. No entanto, o seu corporativismo passa pelo mesmo processo de transposição: o Estado Corporativo nasce do mesmo modo como nasceu o Estado Liberal no Brasil. Originado de doutrinas estrangeiras como o Estado Liberal, o Estado Corporativo de Oliveira Vianna é apenas a expressão nacional do corporativismo então em voga no exterior, sendo um recurso conservador para enfrentar a crise do liberalismo no Brasil.

O Estado Corporativo aqui não atingiu os limites do totalitarismo, em que, de acordo com Franz Neumann, "o poder do Estado não é somente unificado, mas é absoluto" (Neumann, 1973, p.52). Sustentando-se no autoritarismo, ele representa a contrarrevolução oferecendo ao país unicamente a liberdade civil e o advento da democracia corporativa. Assim, Oliveira Vianna é um democrata, se aceitarmos que em nossa época tudo é democracia, como quer Macpherson (1968, p.51).

Acreditamos, porém, que o Estado Corporativo não é um Estado Democrático, ao contrário do que pensa Oliveira Vianna, pois este representa uma conquista, um objetivo a ser alcançado, "exigindo cada vez mais ter por base a democracia socioeconômica", nas palavras de Elias Diaz (1972, p.136-140). O Estado Corporativo, quando muito, será uma democracia passiva, de participação restrita da nação.

F – *A evolução da história política brasileira, para Oliveira Vianna, mostra a necessidade do Estado Corporativo.* O nosso passado liberal transforma-se no presente corporativo. Substituindo o Estado Liberal pelo Estado Corporativo, Oliveira Vianna projeta para o Brasil um Estado centralizado e intervencionista, fundado na autoridade, que oferece apenas o direito aos cidadãos de agruparem-se em corporações criadas por ele e a simples liberdade civil garantida pelo Poder Judiciário. A liberdade política é suprimida desse programa, em nome de reconstrução da nação, segundo seus próprios princípios.

Esse ponto nos permite uma última e mais importante conclusão: o projeto político de Oliveira Vianna rejeita qualquer proposição transformadora da sociedade, limitando-se a sugestões reformadoras que não alterem a ordem social existente. O Estado Corporativo é a essência desse projeto de contrarrevolução.

A concepção realista do mundo, que domina toda a sua obra, leva-o a conceber ecleticamente um Estado Corporativo, além de fazê-lo deformar a realidade brasileira. Pratica assim o mesmo processo da geração do liberalismo, que tanto critica. Repete o que condenou com relação a este, distinguindo-se apenas por desempenhar aqui o papel de crítica conservadora. Esta concepção realista do mundo não articula somente a formulação de Estado Corporativo, mas outras ainda como as do povo, elite, partido, classe e nação, necessárias à concepção do seu programa contrarrevolucionário. Tanto isto é verdade que Oliveira Vianna se perde na interpretação destas questões, não chegando a elaborar uma teoria sistemática e mais ou menos completa do corporativismo, embora tenha sido, talvez, o intelectual na época mais preocupado com este tema.

Partindo da demonstração da incapacidade popular de organização no Brasil, mostra o utopismo das elites e a inexistência de partidos devido à ação dos clãs eleitorais, até atingir à comprovação de que só o Estado pode dirigir e ordenar a nação. Sua análise da nossa evolução histórica esconde o desejo, incontrolável por vezes, de criar um Estado Nacional, principalmente de caráter corporativo e autoritário. Por isto mesmo reduz tudo à atuação do presidente da República e da administração pública, na qual se inserem as corporações. Indo além desta análise de texto, podemos pensar que tais proposições vêm legitimar a expansão e a crescente intervenção da administração estatal ocorridas no Brasil a partir de 1920.

Enfim, o exame da concepção de Estado Corporativo colocou-nos uma série de problemas existentes nesta exposição e na obra de Oliveira Vianna, dos quais devemos destacar alguns em razão de sua importância. A relação Estado/sociedade quase sempre está presente em sua análise, se desdobrando em vários aspectos. Estudando os vínculos entre elite política e povo ou entre partidos e poder, está na realidade se remetendo àquela relação fundamental. Propõe que a elite deve educar o povo desorganizado, mas em seguida comprova que ela se corrompeu com o idealismo liberal. Da mesma maneira, investigando a ação partidária no país, conclui que os partidos são instrumentos de manipulação do poder político pelos clãs eleitorais. De qualquer perspectiva que se ponha, Oliveira Vianna regressa à relação Estado/sociedade, para anular esta e consagrar a ação estatal como único meio de manter a unidade nacional e de dar uma organização ao Brasil.

Para ele, o Estado gera a nação e fala em seu nome, cabendo às corporações a responsabilidade de transmitir-lhe os principais interesses nacionais, isto é, os interesses dos agentes da produção. Oliveira Vianna desconhece as vinculações das classes sociais com o poder estatal, preferindo crer inicialmente nas elites e depois na eficiência de uma administração pública de caráter técnico supostamente apolítico, para enquadrar-se num certo veio tecnocrático. Não lhe interessam ainda as relações entre corporativismo e capitalismo monopolista; volta-se antes para a capacidade harmoniosa daquele.

Finalmente, embora reafirme sempre sua preocupação em realizar uma análise científica da nossa realidade, sua Teoria do Estado reduz-se a um elemento de legitimação da revolução conservadora de um cunho autoritário, no qual também estão presentes certos traços de um liberalismo deturpado.

Referências bibliográficas

Obras de Oliveira Vianna

OLIVEIRA VIANNA, F. J. de. *O ocaso do Império*. São Paulo: Melhoramentos: s/d.

OLIVEIRA VIANNA, F. J. de. *Pequenos estudos de psicologia social*. São Paulo: Monteiro Lobato, 1923.

OLIVEIRA VIANNA, F. J. de. *Raça e assimilação*. 2.ed. São Paulo: Companhia Editora Nacional, 1934.

OLIVEIRA VIANNA, F. J. de. Organização sindical. *Boletim do M.T.I.C.*, n.8, abril de 1935.

OLIVEIRA VIANNA, F. J. de. *Evolução do povo brasileiro*. 3.ed. São Paulo: Companhia Editora Nacional, 1938a.

OLIVEIRA VIANNA, F. J. de. *Populações meridionais do Brasil*, v.1., 4.ed. São Paulo: Companhia Editora Nacional, 1938b.

OLIVEIRA VIANNA, F. J. de. *Problemas de direito corporativo*. Rio de Janeiro: José Olympio, 1938c.

OLIVEIRA VIANNA, F. J. de. *O idealismo da Constituição*. 2.ed. São Paulo: Companhia Editora Nacional, 1939a.

OLIVEIRA VIANNA, F. J. de. Sindicalização e Teoria do Estado. *Revista do Trabalho*, julho de 1939b.
OLIVEIRA VIANNA, F. J. de. *Problemas de direito sindical*. Rio de Janeiro: Max Limonad, 1943.
OLIVEIRA VIANNA, F. J. de. *Problemas de política objetiva*. 2.ed. São Paulo: Companhia Editora Nacional, 1947.
OLIVEIRA VIANNA, F. J. de. *Instituições políticas brasileiras*. Rio de Janeiro: José Olympio, 1949.
OLIVEIRA VIANNA, F. J. de. *Direito do trabalho e democracia social*. Rio de Janeiro: José Olympio, 1951.
OLIVEIRA VIANNA, F. J. de. *Populações meridionais do Brasil*, v.2. Rio de Janeiro: José Olympio, 1952a.
OLIVEIRA VIANNA, F. J. de. *Problemas de organização e problemas de direção*. Rio de Janeiro: José Olympio, 1952b.
OLIVEIRA VIANNA, F. J. de. *Introdução à história social da economia pré-capitalista no Brasil*. Rio de Janeiro: José Olympio, 1958.

Obras sobre Oliveira Vianna

BRESCIANI, M. S. M. A concepção de Estado em Oliveira Vianna. *Revista de História*, n.94, abril/junho de 1973.
LIMA, M. R. S.; CERQUEIRA E. D. O modelo político de Oliveira Vianna. *Revista Brasileira de Estudos Políticos*, n.30, janeiro de 1971.
MEDEIROS, J. Introdução ao estudo do pensamento político autoritário brasileiro – 1914/1945. *Revista de Ciência Política*, abril/junho de 1974.
TORRES, J. B. de V. *Oliveira Vianna: na vida e sua posição nos estudos brasileiros de sociologia*. Rio de Janeiro: Freitas Bastos, 1956.

Outras obras

AMARAL, A. *O Brasil na crise atual*. São Paulo: Companhia Editora Nacional, 1934.
AMARAL, A. *Renovação nacional*. Rio de Janeiro: Imprensa Nacional, 1936.

AMARAL, A. *O Estado Autoritário e a realidade nacional.* Rio de Janeiro: José Olympio, 1938.

BUZZI, A. R. *La teoria politica de Antonio Gramsci.* Barcelona: Fontanella, 1969.

CARONE, E. Coleção Azul – Crítica pequeno-burguesa à crise brasileira depois de 1930. *Revistas Brasileiras de Estudos Políticos,* n.25/26, julho de 1968/janeiro de 1969.

CESARINO JR., A. F.. *Direito social brasileiro.* São Paulo: Martins, 1940.

CUNHA, N. W. V. da. *O sistema administrativo brasileiro (1930-50).* Rio de Janeiro: Instituto Nacional de Estudos Pedagógicos, 1963.

D'ALVA, C. Carta italiana do trabalho. *Fascismo é Nacionalismo.* Lisboa: Parceria Antônio Maria Pereira, 1928.

DIAZ, E. *Estado de direito e sociedade democrática.* Lisboa: Iniciativas Editoriais, 1972.

DURKHEIM, É. *Lecciones de sociología.* Buenos Aires: Editorial Schapire S.R.L., 1966.

DURKHEIM, É. *De la división del trabajo social.* Buenos Aires: Editora Schapire S.R.L., 1967.

ENGELS, F. A "contribuição à crítica da economia política" de Karl Marx. In: MARX, K.; ENGELS, F. *Antologia filosófica.* Lisboa: Estampa, 1971.

FAORO, R. *Os donos do poder.* v.2. 2.ed. Porto Alegre/São Paulo: Ed. Globo/Ed. da USP, 1975.

FAUSTO, B. *Pequenos ensaios de história da República (1889-1945).* São Paulo: CEBRAP, 1972.

GOLDMANN, L. *El hombre y lo absoluto (le dieu caché).* Barcelona: Península, 1968.

GRAMSCI, A. *Os intelectuais e a organização da cultura.* Rio de Janeiro: Civilização Brasileira, 1968.

IANNI, O. *O Estado e planejamento econômico no Brasil.* Rio de Janeiro: Civilização Brasileira, 1971.

LEÃO XIII. *Sobre a Condição dos operários (encíclica "rerum novarum").* 6.ed. Petrópolis: Vozes, 1961.

LEITE, D. M. *O caráter nacional brasileiro.* 2.ed. São Paulo: Pioneira, 1969.

LIMA SOBRINHO, B. *Presença de Alberto Torres.* Rio de Janeiro: Civilização Brasileira, 1968.

LOEWENSTEIN, K. *Teoria de la Constitución.* 2.ed. Barcelona: Ariel, 1970.

MACPHERSON, C. B. *La realidad democratica*. Barcelona: Fontanella, 1968.

MANOILESCO, M. *Le Parti Unique*. Paris: Les Oeuvres Françaises, 1937.

MANOILESCO, M. *O século do corporativismo*. Rio de Janeiro: José Olympio, 1938.

MOREIRA, V. Corporativismo – Tradição cultural e poder político. *Vértice*, n.365-366, v.XXXIV, junho-julho de 1974.

MOTTA FILHO, C. *Introdução à política moderna*. Rio de Janeiro: José Olympio, 1935.

MOTTA FILHO, C. *O poder executivo e as ditaduras constitucionais*. São Paulo: Estabelecimento Gráfico Phoenix, 1940.

NEUMANN, F. Notas sobre a teoria da ditadura. In: NEUMANN, F. *Estado Democrático e Estado Autoritário*. Rio de Janeiro: Zahar, 1969.

NEUMANN, F. *Behemoth*. Nova York: Harper & Row, 1973.

PANUNZIO, S. *Il sentimento dello Stato*. Roma: Littorio, 1929.

PARIAS, L. H. (coord.). *História general del trabajo*. Barcelona: Grijalbo, 1965.

PERROUX, F. *Capitalisme et communauté de travail*. Paris: Librairie du Recueil Sirey, 1937.

PIO XI. *Sobre a restauração e aperfeiçoamento da ordem social (encíclica "quadragésimo ano")*. 4.ed. Petrópolis: Vozes, 1957.

PIROU, G. *Néo-libéralisme, néo-corporatisme, néo-socialisme*. Paris: Gallimard, 1939.

REALE, M. *O Estado moderno*. 3.ed. Rio de Janeiro: José Olympio, 1935.

SAINT-LEÓN, E. M. *Historia de las corporaciones de oficio*. Buenos Aires: Partenon, 1947.

SALAZAR, A. de O. *Antologia*. Lisboa: Vanguarda, 1955.

SALGADO, P. Erros de hoje, perigos de amanhã. *A Razão*, 5 de junho de 1931a.

SALGADO, P. A verdadeira concepção do Estado. *A Razão*, 4 de setembro de 1931b.

SILVEIRA, T. da. *Estado Corporativo*. Rio de Janeiro: José Olympio, 1937.

SPIRITO, U. *Capitalismo e corporativismo*. Firenze: G. C. Sansoni, 1934.

TORRES, A. À mercê dos ventos... *O Imparcial*, 18 de setembro de 1916.

TRINDADE, H. *Integralismo – O fascismo brasileiro na década de 30*. São Paulo: Difel, 1974.

WEBER, M. Parlamentarismo e governo numa alemanha reconstruída. In: WEBER, M. *Ensaios de sociologia e outros escritos*. São Paulo: Abril Cultural, 1974.

SOBRE O LIVRO

Formato: 14 x 21 cm
Mancha: 23 x 44,5 paicas
Tipologia: Iowan Old Style 10/14
Papel: Offset 75 g/m² (miolo)
Cartão Supremo 250 g/m² (capa)
3ª edição: 2010

EQUIPE DE REALIZAÇÃO

Capa
Andreia Yanaguita

Edição de Texto
Gabriela Trevisan (Preparação de originais)
Carla Montagner e Alberto Bononi (Revisão)

Editoração Eletrônica
Eduardo Seiji Seki (Diagramação)

impressão acabamento

rua 1822 n° 341
04216-000 são paulo sp
T 55 11 3385 8500
F 55 11 2063 4275
www.loyola.com.br